T0208520

essentials

essentials liefern aktuelles Wissen in konzentrierter Form. Die Essenz dessen, worauf es als „State-of-the-Art" in der gegenwärtigen Fachdiskussion oder in der Praxis ankommt. *essentials* informieren schnell, unkompliziert und verständlich

- als Einführung in ein aktuelles Thema aus Ihrem Fachgebiet
- als Einstieg in ein für Sie noch unbekanntes Themenfeld
- als Einblick, um zum Thema mitreden zu können

Die Bücher in elektronischer und gedruckter Form bringen das Expertenwissen von Springer-Fachautoren kompakt zur Darstellung. Sie sind besonders für die Nutzung als eBook auf Tablet-PCs, eBook-Readern und Smartphones geeignet. *essentials:* Wissensbausteine aus den Wirtschafts, Sozial- und Geisteswissenschaften, aus Technik und Naturwissenschaften sowie aus Medizin, Psychologie und Gesundheitsberufen. Von renommierten Autoren aller Springer-Verlagsmarken.

Weitere Bände in der Reihe http://www.springer.com/series/13088

Jörg B. Kühnapfel

Prognosen für Start-up-Unternehmen

2., Verbesserte Auflage

Jörg B. Kühnapfel
Ludwigshafen am Rhein, Deutschland

ISSN 2197-6708   ISSN 2197-6716   (electronic)
essentials
ISBN 978-3-658-25018-8   ISBN 978-3-658-25019-5   (eBook)
https://doi.org/10.1007/978-3-658-25019-5

Die Deutsche Nationalbibliothek verzeichnet diese Publikation in der Deutschen Nationalbiblio-
grafie; detaillierte bibliografische Daten sind im Internet über http://dnb.d-nb.de abrufbar.

Springer Gabler
© Springer Fachmedien Wiesbaden GmbH, ein Teil von Springer Nature 2015, 2019

Springer Gabler ist ein Imprint der eingetragenen Gesellschaft Springer Fachmedien Wiesbaden
GmbH und ist ein Teil von Springer Nature
Die Anschrift der Gesellschaft ist: Abraham-Lincoln-Str. 46, 65189 Wiesbaden, Germany

Was Sie in diesem *essential* finden können

- Verständnis der besonderen Schwierigkeiten, Prognosen für Start-up-Unternehmen zu erstellen
- Regeln für den Umgang mit Prognosen für Start-up-Unternehmen
- Nutzen und Grenzen von Prognosen, die das Gründerteam erstellt hat
- Hilfreiche Prognosemethoden in Start-up-Situationen

Vorwort

Grundlage für dieses *essential* ist das Buch „Vertriebsprognosen" von Jörg B. Kühnapfel (Springer Gabler 2015). Für die Veröffentlichung in der Reihe *essentials* wurden Teile aktualisiert, überarbeitet und ergänzt.

Ludwigshafen am Rhein

Jörg B. Kühnapfel

Inhaltsverzeichnis

Prognosen als Lackmustest für Start-up-Unternehmen

In diesem *essential* wird beschrieben, wie Prognosen (sinngleich: Forecasts) für Start-ups entstehen. Eine schiere Auflistung und Beschreibung üblicher Methoden wäre aber nicht hilfreich. Vielmehr ist erforderlich zu verstehen, unter welchen Umständen Prognosen als Grundlage für eine Geschäftsplanung zustande kommen, welche Interessen dabei bewusst oder unbewusst eine Rolle spielen und was eine „gute" von einer „schlechten" Prognose unterscheidet. Denn außer zu wissen, wie Prognosen zu erstellen sind, ist wichtig zu wissen, wie sie zu nutzen und zu bewerten sind, denn zweifellos steigt das Investitionsrisiko, wenn die Prognosen nichts taugen.

Zunächst wird in diesem *essential* die Bedeutung von Prognosen in Start-up-Situationen erläutert. Anschließend wird dargestellt, was Prognosen hier so schwierig macht (Kap. 2) und davon kaum zu trennen folgen Ausführungen über den „Umgang" der beteiligten Gruppen mit eben jenen Prognosen (Kap. 3). Kap. 4 beschreibt unterschiedliche Methoden, bevor einige davon in Kap. 5 in einem Fallbeispiel angewendet werden.

Was zeichnet ein Start-up aus?

Eine Gruppe von Initiatoren, nennen wir sie „Gründer", entwickelt eine Geschäftsidee, das „Start-up". Die Merkmale sind in der Regel die folgenden:

1. Das Start-up weist auf mindestens einem der Gebiete „Produkt", „Produktionsverfahren", „Zielkunden" oder „Vertriebsform" eine wesentliche Neuerung auf.
2. Der Innovationsgrad ist hoch.
3. Für die Umsetzung der Geschäftsidee wird Kapital benötigt, das Investoren zur Verfügung stellen. Zu diesen können Fremdkapital- (Banken etc.) ebenso wie Eigenkapitalgeber (Private Equity-Häuser, Spezialisten für Seed- und Start-up-Investments, Gründerumfeld etc.) gehören.

© Springer Fachmedien Wiesbaden GmbH, ein Teil von Springer Nature 2019
J. B. Kühnapfel, *Prognosen für Start-up-Unternehmen,* essentials,
https://doi.org/10.1007/978-3-658-25019-5_1

4. Die Entwicklungs- und Veränderungsgeschwindigkeit des Umfelds ist hoch. Der Zielmarkt weist eine hohe Dynamik auf, die sich in vielerlei Aspekten ausdrücken kann (Wachstum, Erosion, geringe Treue der Kunden usw.).

5. Das Fehlschlagrisiko ist hoch. Je nach herangezogener Statistik und Dateninterpretation kann davon ausgegangen werden, dass von 10 Start-ups nur 2 oder 3 mindestens den erhofften Erfolg haben, die restlichen aber scheitern oder in anderen Geschäftsmodellen aufgehen.

6. Das Gründerteam ist überschaubar. Die Zusammensetzung des Teams ist von persönlichen Beziehungen geprägt und wird weniger von den Notwendigkeiten des Geschäftsmodells bestimmt.

7. Es fehlen Erfahrungswerte. Also basiert die erwartete Geschäftsentwicklung auf Annahmen, die in Form von Kausalketten dargestellt werden („Weil dieses vorliegt und jenes geschieht, wird Folgendes passieren.").

Welche Bedeutung haben Planungen und Prognosen für Start-ups?

Wie auch immer die Start-up-Situation im konkreten Einzelfall aussieht, die Investoren werden vom Gründerteam eine Planung verlangen. Diese Planung ist Ausdruck intellektueller Auseinandersetzung mit der Zukunft. Das Gründerteam dokumentiert mit ihr, wie, wann und womit der Geschäftserfolg erzielt werden soll. Die Planung erfolgt grundsätzlich quantitativ und das heißt: Excel (oder ein vergleichbares Tabellenkalkulationsprogramm). Resultat ist eine algorithmenbasierte Verknüpfung von Inputdaten und Ergebnis. Werden die richtigen Variablen gewählt und Verknüpfungen erstellt, werden alle Beteiligten mit der Planung eine Entscheidungshilfe haben, die hilft, ihre jeweiligen Ziele umzusetzen, sich zu fokussieren und Handlungsspielräume kennen zu lernen. Doch kommt keine Planung ohne Annahmen aus. Die wichtigste ist jene über die geplante Geschäftsentwicklung, insbesondere die **Absatzprognose**. Sie geht in die Planung ein und zeigt letztlich, ob und in welchem Maße sich ein Geschäftsmodell rentieren kann. Auch lässt sich mit einem korrekt aufgebauten Excel-basierten Geschäftsplan simulieren: Was passiert mit Schlüsselkennzahlen (z. B. „Kapitalbedarf bis Break-even" oder „Zeitdauer bis Return on Investment"), wenn die Absatzprognose variiert wird? Oder was passiert, wenn Ressourcen, die über Variablen mit dem Ergebnis der Absatzprognose verknüpft sind (z. B. „Anzahl Vertriebspersonal") reduziert oder erhöht werden?

Der Plan, basierend auf der Prognose, ist somit der Lackmustest der Vision der Gründer. Er zeigt mit Zahlen und somit befreit von wohlfeilen Worten und dem blendenden Charisma der Gründer, ob die Idee funktionieren kann oder nicht. Die Prognose entblättert die Hoffnung.

Prognosen als Managementinstrument für Start-ups
Start-up-Situationen sind im Lebenszyklus von Unternehmen die unsicherste Lebensphase. Es gibt keine Expertise für die erwartete Geschäftssituation, denn diese würde – das ist die Definition von Expertise – eine hinreichend stabile Umwelt in der Zukunft sowie langjährige Erfahrung der Akteure mit Handlungen in dieser Umwelt voraussetzen. Folgerichtig weisen Prognosen für Start-ups ein überdurchschnittlich hohes Maß an Unsicherheit auf. In Studien wurde ein mittlerer durchschnittlicher prozentualer Fehler von 65 % ermittelt (Armstrong und Brodie 1999). Abb. 1.1 zeigt für den spezifischeren Fall einer Produkteinführung ein optimistischeres, aber letztlich immer noch frustrierendes Ergebnis einer anderen, aktuelleren Studie (Chaman 2007). So unbefriedigend diese Ergebnisse sind, Prognosen werden dennoch als Planungsgrundlage benötigt und im weiteren Verlauf dieses *essentials* wird beschrieben, wie sie bestmöglich entstehen.

Die Hauptaufgabe der Absatzprognose ist die Abschätzung des Geschäftserfolgs. Dieser setzt sich auf der Ertragsseite aus genau zwei Variablen zusammen: **Verkaufspreis** und **Verkaufsmenge,** jeweils in einem zu definierenden Zeitraum. Je präziser diese beiden Variablen prognostiziert werden, desto besser ist die Planung. Auf der Aufwandsseite finden sich die für den jeweiligen

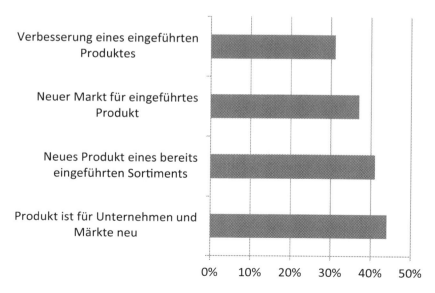

Abb. 1.1 Prognose-Fehler bei der Einführung neuer Produkte

Geschäftserfolg erforderlichen Ressourcen, insbesondere Personal, Produktionskapazitäten und Kapital. Dieses Kapital entspricht dann auch dem finanziellen Risiko der Gründung.

Die zweite Aufgabe von Prognosen ist das **Aufzeigen von Planabweichungen.** Der banale Soll-Ist-Vergleich von Aufwendungen (von Beginn an) und Umsätzen (nach dem Markteintritt) ermöglicht den Investoren ein Monitoring des Geschäftsverlaufs. Selbstverständlich sollten auch Ist-Soll-Abweichungen von Einzahlungen und Auszahlungen beobachtet werden, denn Start-ups sind insbesondere hinsichtlich ihrer Liquiditätsausstattung „verwundbar". Ersatzweise werden Entwicklungsmeilensteine definiert, die sich jedoch nicht in der quantitativen Planung im hiesigen Sinne wiederfinden (z. B. „Fertigstellung Prototyp", „Zulassung Produkt", „Akquisition Testkunde").

Eine dritte, aber äußerst wichtige Aufgabe ist die **Kontrolle der Managementqualität der Gründer.** Je professioneller Gründer mit dem Instrumentarium der Prognose und der Planung umgehen, desto eher kann ihnen formale Managementkompetenz unterstellt werden. Wohlgemerkt ist nicht das Methodenwissen gemeint, denn nur allzu oft ist das zunächst unzureichend. Es ist der **Umgang** mit der Aufgabe, also

- die Bereitschaft, zu lernen,
- die Geschwindigkeit, mit der sich Gründer die Fähigkeiten für eine betriebswirtschaftlich korrekte Planung aneignen und
- die Offenheit für Plananpassungen, die von Dritten, vor allem den Investoren selbst, vorgeschlagen werden.

Ein Start-up-Unternehmen zu planen verlangt die Fähigkeiten,

- technische und betriebswirtschaftliche Zusammenhänge zu überblicken,
- Folgen der Veränderung einzelner Variablen zu antizipieren,
- sensitive Stellgrößen zu identifizieren und
- die Unternehmensentwicklung in ihren jeweiligen Phasen zu überschauen.

Vielen fällt die Verbindung von technischen und betriebswirtschaftlichen Aspekten schwer, Technikern übrigens mehr als Marketiers, was sich direkt in der Genauigkeit der Prognose niederschlägt (empirisch so nachgewiesen von Gartner und Thomas 1993). Beispielsweise sollte die Auswirkung einer Lieferverzögerung eines Rohstoffs, der für die Produktherstellung benötigt wird, mithilfe der Prognose- und Planungsinstrumente sichtbar werden; vor allem auf die Liquiditätsausstattung!

Prognosen und die daraus resultierenden Planungen sind für Investoren ein sehr guter Indikator für Managementkompetenzen, der auch dann funktioniert, wenn es schwer ist, die Innovation selbst zu beurteilen. Er ist ausnahmslos ein besserer Indikator als die Qualität der PowerPoint-Charts, mit der die Geschäftsidee, garniert mit der Euphorie des Aufbruchs, präsentiert wird.

Was macht Prognosen (un-) glaubwürdig?

2

Es sind zwei Faktoren, die Prognosen für Start-ups schwierig machen: die per se nicht vorhandene Expertise hinsichtlich des Gegenstands der Geschäftsidee sowie kognitive Wahrnehmungsverzerrungen.

Der erste Aspekt wurde bereits angedeutet: Das Ziel des Start-ups, die zukünftige Umwelt – also den relevanten Markt – zu verändern sowie die noch nicht existenten Handlungserfahrungen in eben dieser veränderten Umwelt bedeuten, dass sich alle Akteure neu zurecht finden müssen. Expertise gibt es nur auf der Meta-Ebene. Eindeutig nachgewiesen ist der Zusammenhang von stabiler Umwelt und Prognosegenauigkeit: Je weniger „volatil" die Umwelt ist, desto präziser die Forecasts (Gartner und Thomas 1993). Das überrascht nicht.

Einen Vorteil hat das Gründerteam allerdings: Es kann die Umweltveränderungen in gewissen Grenzen gestalten. Das verschafft ihm einen vorübergehenden Vorsprung und für diese Zeit ist eine Prognose schwierig, aber möglich. Später dann stabilisiert sich die Umwelt wieder oder sie wird erneut, nun aber von anderen Akteuren, in Turbulenzen gestürzt.

Ein Beispiel: Die Veränderung des Buchhandels durch Amazon war eine solche Veränderung der Umwelt, zunächst des Tonträger- und Buchmarktes. Derzeit (2019) erscheint der Markt im Vergleich mit der Situation vor vielleicht 15 Jahren verändert, aber stabilisiert. Prognosen sind nun wieder einigermaßen sicher, aber die nächsten Turbulenzen, die entweder aufgrund von Reaktionen der ums Überleben kämpfenden klassischen Buchvertriebe oder durch neue Akteure und neue Geschäftsideen ausgelöst werden, sind möglich.

Der zweite Aspekt (die kognitiven Wahrnehmungsverzerrungen) bedarf einer Erläuterung, auch, wenn er auf den ersten Blick einsichtig erscheint: Prognosen von Menschen, die ihre Idee verwirklicht sehen wollen, weil sie daran „glauben", werden nicht objektiv sein. Sie werden umso optimistischer sein, je mehr sie

© Springer Fachmedien Wiesbaden GmbH, ein Teil von Springer Nature 2019
J. B. Kühnapfel, *Prognosen für Start-up-Unternehmen,* essentials,
https://doi.org/10.1007/978-3-658-25019-5_2

involviert sind. Der Effekt wirkt noch umfassender als wir vermuten. Nicht zuletzt die Arbeiten von Kahneman und Tversky, insbesondere die „Neue Erwartungstheorie" (Kahneman und Tversky 1979), zeigen, dass wir uns vor kognitiven Verzerrungen sogar dann nicht gänzlich schützen können, wenn wir uns ihrer bewusst sind. Aber es hilft, sie zu kennen: Je mehr wir uns mit ihnen beschäftigen und je mehr wir sie als menschlich akzeptieren, desto eher gelingt es uns, Prognosen und auf ihnen basierende Geschäftspläne zu korrigieren. Nachfolgend werden die wichtigsten hier wirkenden Wahrnehmungsverzerrungen beschrieben, aber es sei dringend angeraten, sich mit ihnen ausführlicher zu befassen (umfassend und leicht verständlich: Kahneman 2012 und Tyebjee 1987; ferner: Kahneman und Tversky 1973 und 1992).

2.1 Die Macht kognitiver Verzerrungen

Prognosen werden in Meetings präsentiert. Die Umstände sowie die Art und Weise, wie die Präsentation erfolgt, bestimmt mit, ob der Prognose und damit zusammenhängend der Planung geglaubt wird oder nicht. Bei solcherlei sozialer Interaktion, in Individuen Interessen durchsetzen wollen, wirken Mechanismen, derer wir uns keineswegs immer bewusst sind. Diese verzerren unsere Wahrnehmung und Urteilsfähigkeit, was dann kritisch ist, wenn wir weitreichende Entscheidungen treffen müssen. Und die Gründung und Finanzierung eines Start-ups ist zweifellos eine solche Entscheidung.

Hier die wichtigsten Verzerrungen:

Überoptimismus
Kahneman bezeichnete den Überoptimismus als die „Mutter aller Verzerrungen". Euphorie trägt und macht Mut erst möglich, vernebelt aber auch den nüchternen Blick auf Risiken. Zur engen Korrelation von persönlichem Involvement und Optimismus kommt, dass wir unseren eigenen Einfluss auf die Gestaltung der Zukunft überschätzen und uns scheuen, Variablen wie „Glück" und „Pech" zuzulassen; anscheinend zu Recht, denn wie sollten sie in einer Planung auch berücksichtigt werden? Tatsächlich aber ist dies über den Faktor „Eintrittswahrscheinlichkeit" möglich.

Präferenz für kognitive Leichtigkeit
Je gefälliger oder vertrauter eine Argumentationskette erscheint, desto eher wird ihr geglaubt. Klingt jeder einzelne Schritt der Argumentation konsistent und kohärent, so wird auch das Ergebnis akzeptiert. Nicht genannte Alternativen werden ignoriert.

Voreilige Mustererkennung
Schnell wird ein allgemeingültiges Muster für vergleichbare Situationen unterstellt (Samuelson und Zeckhauser 1988). Der Verweis auf eine ähnliche erfolgreiche Geschäftsidee gilt als Beweisführung, und auch, wenn jedem Investor klar ist, dass er gerade einer Verfügbarkeitsheuristik (siehe unten) aufsitzt, neigt er dazu, dem wiedererkannten Muster zu vertrauen. Wenn z. B. eine bestimmte unterstellte Kausalkette zu einer korrekten und sich später als ausreichend präzise erweisenden Prognose führte, wird dieses Aussagegerüst als stellvertretend für ähnliche Situationen bewertet.

Bestätigungsverzerrung
Wir halten jene Kausalketten für stimmig, die unsere eigenen Vermutungen oder Meinungen bestätigen. Tatsächlich sammeln wir Statistiken, Analogien und Zeitungsberichte, die unsere Argumentation stützen, ignorieren aber konträre Darstellungen. Das Fatale ist: Wir tun es unbewusst. Es wirkt ein Filter, eine rosarote Brille, die durchaus die gleiche ist wie jene, die wir aufhaben, wenn wir frisch verliebt sind.

Selbstwertdienliche Verzeihung
Fehler schreiben wir äußeren Umständen zu. Auch dies ist ein mehr oder weniger automatisierter Prozess: Läuft es in den ersten Monaten des Start-ups nicht, suchen Manager exogene Ursachen, anstatt sich selbst dafür verantwortlich zu machen. Erfolge werden selbstverständlich dem eigenen Handeln zugeschrieben. Aber auch im Umgang des Gründerteams mit dieser Dysbalance können Investoren Managementkompetenz erkennen: Wie „nüchtern" und analytisch erfolgt im Falle einer Ist-/Soll-Abweichung in der Geschäftsplanung eine Abweichungsanalyse?

Priming
Wir lassen uns bei der Verarbeitung von Argumentationen von dem leiten, was wir unmittelbar davor gehört haben. Ein Reiz bestimmt die Interpretation des nächsten Reizes. Es reicht bereits eine semantische Programmierung durch Begriffe wie „Erfolg", „Gewinn" oder „Sieg" oder die Darstellung eines ähnlichen, boomenden Marktes, damit der nachfolgenden Argumentation leichter zugestimmt wird. Dieser Effekt ist eine offene Türe für rhetorische Manipulation in folgender Hinsicht: Wer eine Web-gestützte Handelsplattform als Geschäftsidee vorstellt, tut gut daran, zunächst einmal die Geschäfts- und Gewinnentwicklung von Amazon oder Alibaba zu präsentieren.

Halo-Effekt

Der Halo-Effekt wird von dem Bild, das sich Zuhörer von einem Referenten machen, getragen. Gilt einer der Gründer im Team als Experte auf dem relevanten Gebiet, wird seinen Aussagen eher geglaubt, unabhängig davon, ob sie durch seine Expertise auch tatsächlich substanziiert sind.

Austausch der Fragestellung

Komplexe Fragestellungen werden intuitiv durch leichter zu beantwortende Fragen ausgetauscht. Aus der Frage nach dem „Marktpotenzial für Produkt X im Jahr Y" wird die Frage nach der „vermeintlichen Attraktivität des Produktes für einen Nutzer". Diese Antwort fällt leichter und die Begeisterung, mit der ein möglicher Kunde das Produkt kaufen wird, überträgt sich auf die Einschätzung der Gesamtnachfrage.

Heuristische Verzerrungen

Heuristiken sind „mentale Abkürzungen" bzw. Faustregeln, derer wir uns bedienen, wenn Entscheidungen getroffen werden müssen, aber nicht alle erforderlichen Informationen verfügbar sind. Heuristiken sparen Zeit und Kosten. Ihr Preis ist die Ungenauigkeit. Zuweilen sind sie fehl am Platze, z. B. bei der Entscheidungsfindung von Investoren. Nie werden diese über alle Informationen für eine sichere Investitionsentscheidung verfügen und darum Heuristiken anwenden müssen. Die Folge ist – so banal es klingt – das (Rest-)Risiko einer Entscheidung. Doch ist es natürlich hilfreich, zu wissen, **wie** risikoreich eine Investitionsentscheidung ist. Voraussetzung hierfür ist, dass mentale Abkürzungen bewusst sind, denn Heuristiken überspielen das Maß an Unsicherheit und wirken wie eine kognitive Verzerrung.

Wichtig ist vor allem die Kenntnis von drei Arten von Heuristiken: Die Verfügbarkeits-, die Repräsentativitäts- und die Ankerheuristik.

Bei einer **Verfügbarkeitsheuristik** wird ein Ereignis als umso wahrscheinlicher eingeschätzt, je leichter Beispiele für Ähnliches in den Sinn kommen, mental also „verfügbar" sind. Wird vom Gründerteam ein neues Versandhandelsportal präsentiert, so fallen als verfügbare Referenzen Amazon oder Alibaba ein. Das präsentierte Geschäftsmodell wird dann positiver eingeschätzt, als wären keine Beispiele verfügbar. Ignoriert werden jedoch, und dies verzerrt das Bild zusätzlich, die unzähligen gescheiterten Geschäftsmodelle – denn diese sind vergessen und somit nicht „verfügbar".

Die **Repräsentativitätsheuristik** wirkt in der Form, dass Menschen eine Wahrscheinlichkeit danach bewerten, wie repräsentativ ihnen z. B. die Argumentation für das Ergebnis erscheint. Erläutern die Gründer z. B. ein Anwendungsbeispiel für ihr Produkt und erscheint dieses Beispiel repräsentativ für den Bedarf einer Zielgruppe, so wird einer Hochrechnung über Absatzmengen in dieser Zielgruppe geglaubt.

Die **Ankerheuristik** ist jedoch am gefährlichsten, denn sie wirkt subtiler und ist ein gefährliches Instrument für Manipulationen. Sie beschreibt den Effekt, dass wir uns in unseren Erwartungen und Einschätzungen an „Ankern" orientieren. Es reicht bereits, die Umsatzrenditen der erfolgreichsten Neugründungen auf einem vergleichbaren Sektor zu nennen, um die Chance zu erhöhen, dass der eigenen Prognose in ähnlicher Höhe geglaubt wird.

Zuletzt ist an dieser Stelle vor **intuitiven Prognosen** zu warnen. Eine Intuition ist eine Schlussfolgerung oder Erkenntnis, die sich ohne bewusstes Nachdenken erschließt. Sie tritt oft mit der Bewertung sehr komplexer Situationen auf und genau diese sind bei Start-ups grundsätzlich gegeben. Zahlreiche Studien belegen, dass wir – selbst als Profis unseres Fachs – schlechte intuitive Prognostiker sind. Zwar haben Intuitionen eine prognostische Relevanz, aber nur dann, wenn Experten sie haben, denn Intuition ist im günstigen Fall eine unbewusste Verknüpfung von **Erfahrungen,** und über solche verfügen Experten (sonst wären es keine). Aber kann es Erfahrung mit Märkten geben, die von Start-ups erst noch gestaltet werden müssen? Wie in Kap. 1 bereits angerissen, entsteht prognoserelevante Expertise dadurch, dass eine

- Umwelt, für die eine Prognose erstellt werden soll, **hinreichend stabil** sein muss und
- dass der Experte ausreichend viel Zeit hatte (viele Jahre), die Faktoren, Zusammenhänge und Prädiktoren dieser Umwelt zu verstehen. Er muss Erfahrungswissen angesammelt haben.

Beides ist in Start-up-Situationen nicht gegeben: Die Umwelt wird bewusst und gewünscht destabilisiert (Schumpeter nannte es „Schöpferische Zerstörung"). Ergo: Intuitive Prognosen haben in Start-up-Situationen nichts zu suchen.

2.2   Glaubwürdigkeit einer vom Gründerteam erstellten Prognose

Schon oft wurde untersucht, welche Faktoren die Glaubwürdigkeit von Prognosen beeinflussen. Eindeutige Empfehlungen gibt es nur wenige, aber nachfolgend einige nützliche Anhaltspunkte:

Umgang der Gründer mit Risiken des Geschäftsmodells
Sind die Gründer mit ganzem Herzen dabei, werden sie unweigerlich über-
optimistisch sein und dazu neigen, Unsicherheiten zu verniedlichen. Zumindest
aber fällt es ihnen schwer, die Risiken des Geschäftsmodells offen und klar zu
dokumentieren. Nur allzu oft erscheinen diese dann am Ende einer Präsentation
auf einem oder zwei separaten Charts und enthalten eher abstrakte Aussagen wie
„Eintritt starker Wettbewerber" oder „mangelnde Akzeptanz in der Zielgruppe".
Das ist nicht hilfreich.

**Umgang der Gründer mit Planungsunsicherheiten und Eintrittswahrschein-
lichkeiten**
Die Frage ist folglich, welche Unsicherheiten ihres Modells Gründer eingestehen
dürfen. Eine generelle Antwort auf diese Frage kann es natürlich nicht geben,
denn sie hängt von der Risikobereitschaft der Investoren ab. Da diese vorab nicht
bekannt ist, gibt es für die Gründer nur einen Weg, mit Unsicherheiten umzu-
gehen: Sie sind

1. anzusprechen und
2. ihre quantitativen Auswirkungen sind zu beschreiben.

Dies gelingt, indem versucht wird, die Eintrittswahrscheinlichkeit des prognosti-
zierten Geschäftsverlaufs zu bestimmen. Dies gelänge vergleichsweise einfach,
wenn quantitative statistische Verfahren für die Prognose verwendet würden, also
Trendextrapolationen. Aber diese beruhen auf Vergangenheitsdaten und diese gibt
es für Start-ups nicht. Ergo können Eintrittswahrscheinlichkeiten nur geschätzt
werden und verkommen so leicht zu einer argumentativ hergeleiteten Einschätzung. Dennoch sind Gründer gut beraten, in Gesprächen mit den Investoren
die Wahrscheinlichkeit, dass der Geschäftsplan wie erarbeitet eintreffen wird, zu
thematisieren und eine konsensuale Einschätzung zu erarbeiten. So zeigen Gründer
einen bewussten, verlässlichen Umgang mit den Grenzen der Erwartungswelten.

Die Fähigkeit der Gründer, alternative Entwicklungen zu berücksichtigen
Der einfachste Weg ist die Berechnung alternativer **Szenarien**. Es wird dargestellt, welche Effekte auftreten und welche Auswirkungen diese haben könnten. So entsteht für jedes Bündel von Annahmen über die Zukunft ein eigener
Geschäftsplan, zumindest aber eine jeweilige Gewinn-und-Verlust-Rechnung
nebst Kapitalbedarfsplanung. Den jeweilen Geschäftsplänen werden die eben
angesprochen Eintrittswahrscheinlichkeiten zugeordnet, soweit das möglich ist.
Schätzungen sind also solche zu kennzeichnen. Der Nutzen für alle Beteiligten

ist, dass die Sensibilität des Geschäftsmodells hinsichtlich alternativer Zukünfte dokumentiert wird.

Expertise in der Erstellung von Prognosen

Haben die Gründer in ihren früheren Tätigkeiten bereits Prognosen erstellt? Können sie diesbezüglich Erfolge nachweisen? Verfügen sie über Methodenwissen? Eine Bemerkung am Rande: Tatsächlich wurde nachgewiesen, dass, gemessen an der Genauigkeit von Prognosen, lediglich ein grundsätzliches methodisches Wissen erforderlich sei, Expertise darüber hinaus brächte keine präziseren Ergebnisse (Armstrong 1985). Spannend ist nun die in späteren Studien erfolgte Differenzierung von Wissen, denn hier zeigt sich: Zusätzliches Marketing-Wissen lässt Prognosen sehr wohl genauer werden, technisches Wissen hilft hingegen wenig (Gartner und Thomas 1993)! „Industry marketing experience" ist also ein Faktor zur Beurteilung der Glaubwürdigkeit einer Prognose.

Aufwand der Markterkundung

Je mehr in die Erkundung des zu adressierenden Marktes investiert wird, desto genauer werden die Forecasts. Zu misstrauen sind Prognosen, die lediglich auf Argumentationen basieren. Zugekaufte Expertenmeinungen (Studien von Unternehmensberatungen, Forschungsinstituten usw.) sind besser, reichen aber i. d. R. nicht aus. Wichtig sind eigene Marktforschungen, z. B. Testverkäufe, und seien es Blindverkäufe (Verkauf des Produktes, obwohl es noch nicht existiert). Es gilt: Je mehr die Daten vom relevanten Markt selbst stammen, desto genauer fällt die Prognose aus.

Wie gehen die Interessengruppen mit Prognosen um?

Objektiv betrachtet sollten sowohl Gründer als auch Investoren das gleiche Interesse an einer möglichst präzisen Prognose haben. Chancen und Risiken sollten mit ihrer Eintrittswahrscheinlichkeit bewertet und die Inputvariablen für Sensitivitätsanalysen variiert werden können. Aber in der Praxis ist dies selten gegeben: Stattdessen führen die unterschiedlichen, nachfolgend beschriebenen Positionen von Gründern und Investoren zu einer „Geschäftsideeverkaufssituation". Hierbei punktet – gewollt oder nicht – Geschick in der Argumentation ebenso wie adäquates Auftreten. Eine Gefahr stellen die oben beschriebenen Wahrnehmungsverzerrungen dar, wenn die kognitive Leichtigkeit, mit der Kausalketten konstruiert werden, zu situativer Prophetie führt.

3.1 Gründerteam

Die Gründer sind naturgemäß emotional ihrer eigenen Idee verpflichtet. Selbstverständlich wird auch ihnen das grundsätzliche Risiko bewusst sein, doch tendieren sie dazu, Unsicherheiten zugunsten der Marktfähigkeit ihrer Idee zu interpretieren. Selbst, wenn wir willentliches Verheimlichen von Risiken ausschließen, wird ihre Darstellung tendenziell zu optimistisch sein (siehe oben). Eine effiziente Möglichkeit, diesen Effekt zu reduzieren, ist, das persönliche Risiko der Gründer zu erhöhen:

- Einsatz der privaten Ersparnisse
- Aufnahme von Krediten bzw. Übernahme von Bürgschaften zur Finanzierung des Eigenkapitals

© Springer Fachmedien Wiesbaden GmbH, ein Teil von Springer Nature 2019
J. B. Kühnapfel, *Prognosen für Start-up-Unternehmen,* essentials,
https://doi.org/10.1007/978-3-658-25019-5_3

- Hinterlegung von persönlichen Vermögensgegenständen als Sicherheiten (Haus, Wertpapiere, Edelmetalle usw.)
- Kündigung einer bisher gut dotierten Stellung

Die Gründer werden diesen Einsatz zu minimieren versuchen. Sie bringen ihre Ideen und ihr Können als Asset ein, wollen sich bei Misserfolg aber nicht ruinieren. Wünschenswert ist jedoch, dass Gründer und Investoren an Erfolg wie Misserfolg gleichermaßen partizipieren. Letztlich ist „Risikoübernahme" und „Erfolgspartizipation" zu verhandeln. Es wäre Vorsicht geboten, wenn Gründer keinerlei Zugeständnisse eingehen und sich schon in der Frühphase gegen ein späteres Scheitern abzusichern suchen.

3.2 Investoren

Investoren können die Marktfähigkeit einer Geschäftsidee nur in unzureichendem Maße verifizieren. Ein üblicher Weg ist die Analyse durch zugängliche **Marktstudien** sowie die Einbeziehung eines von den Gründern **unabhängigen Experten,** egal, ob aus eigenem Hause oder extern „zugekauft". Oft ist darüber hinaus Usus, sich Meinungen anderer, von den Investorenvertretern **gewertschätzter Personen** einholen. Das ist sicherlich ein guter Weg, um die eigene Ansicht zu reflektieren und sich zu neuen Fragen und Sichtweisen inspirieren zu lassen. Es ist aber ein schlechter Weg, wenn die Ratgeber mit eigenen intuitiven Prognosen zu schnell bei der Hand sind.

Ein zusätzlicher Weg für Investoren ist, nicht die Prognose an sich, sondern die **Glaubwürdigkeit** einer Prognose und damit jene der Geschäftsplanung unter die Lupe zu nehmen. Dann stehen folgende Fragen im Vordergrund:

1. Woher haben die Gründer die Datengrundlage? Wie sicher ist diese?
2. Welche Prognosemethoden haben die Gründer genutzt? Welche haben sie nicht genutzt und warum nicht?
3. Wie offen gehen die Gründer mit Lücken in ihrer Prognose um? Haben sie dokumentiert, an welchen Stellen Annahmen Wissen ersetzen? Weisen sie Eintrittswahrscheinlichkeiten aus, zumindest aber alternative Szenarien?
4. Haben die Gründer Sensitivitätsanalysen durchgeführt?

Die Qualität der Prognoseerstellung steht nun im Vordergrund. Für die Investoren gilt es, die Robustheit einer Geschäftsplanung zu ermitteln, um deren Eintrittswahrscheinlichkeit einschätzen zu können. Denn diese ist das Maß für das Investitionsrisiko.[1]

Scoring-Modell zur Messung der Prognosequalität
Eine Möglichkeit zur Messung der Robustheit der Prognose und dann der Geschäftsplanung ist ein Scoring-Modell. Dieses soll nicht die Fähigkeiten der Gründer in ihrer Rolle als Entrepreneure, sondern gezielt ihre Fertigkeiten zur Erstellung einer Prognose abbilden. Das Vorgehen bei einem solchen Scoring-Modell im Sinne einer Nutzwertanalyse ist in der Literatur beschrieben und wird hier nicht weiter ausgeführt (z. B. Kühnapfel 2017, S. 74 ff.). Es bietet, einmal methodisch ausgearbeitet, ein Tool, das sich durch häufigen Einsatz stetig verbessert und immer präziser das jeweilige Investitionsrisiko abzubilden imstande ist.

Die zu bewertenden Kriterien leiten sich aus den Bereichen ab, die für die Erstellung einer Prognose im Rahmen einer Geschäftsplanung für ein Start-up relevant sind. Es sind vor allem solche, wie sie in Tab. 3.1 genannt sind. Sie sollten messbar sein, zumindest aber sollte ihre Bewertung mittels einer Punkteskala beurteilt werden können. Die Ergebnisse sind recht aussagekräftig, denn der Mechanismus der Defragmentierung eines unpräzisen, diffusen und generellen Eindrucks einerseits und die Berechnung des Bewertungsdurchschnitts aller Investorenvertreter andererseits führen erfahrungsgemäß zu zuverlässigen Gesamtergebnissen. Ein Scoring-Modell kann die Quote der Fehleinschätzungen signifikant senken.

3.3 Laufende Anpassung und Überarbeitung von Prognosen

Selten treffen eine Prognose und damit eine Geschäftsplanung so, wie erstellt, ein. Der Normalfall sind Abweichungen zwischen dem Plan und dem Ist. Hierbei sind verschiedene Ursachen zu unterscheiden, die jeweils andere Handlungen nach sich ziehen. Tab. 3.2 verdeutlicht dies.

---

[1]Je nach Betrachtungsweise sind natürlich auch Faktoren wie Grad der Skalierbarkeit des Geschäftsmodells, Kapitalversorgung, Markt bzw. Nachfrage, Reaktionsmöglichkeiten von Wettbewerbern, substitutive Produkte, Abhängigkeit vom Regulierer, Stabilität des Gründerteams usw. wesentlich.

Tab. 3.1 Kriterien zur Bewertung der Prognosequalität im Rahmen eines Scorings

Kriteriengruppe	Kriterien
Commitment der Gründer	• Bereitschaft zur persönlichen finanziellen Beteiligung (Vermögenseinsatz, Verschuldung, Gehaltsverzicht, Bürgschaften) • Aufgabe der bisherigen Stelle • Vorgesehener Arbeitseinsatz
Fähigkeiten der Gründer	• Spezifisches Wissen auf dem relevanten Gebiet • Generelles Wissen über Gründung und Aufbau eines Unternehmens • Kaufmännisches Wissen, insb. hinsichtlich Liquiditätssteuerung und Finanzierung • Zugriff auf Experten (Technik, Betrieb, Entwicklung usw.), Vernetzung • Marktkenntnisse • Vorerfahrungen mit ähnlich druckvollen, risikoreichen Situationen (auch gescheiterte Gründungsversuche in der Vergangenheit) • Persönliche Situation: bisheriger Werdegang, familiärer Rückhalt usw.
Datengrundlage	• Historische Daten • Analogien, Ankerwerte
Methodik	• Anzahl einbezogener Forecast-Methoden • Bewertung von Eintrittswahrscheinlichkeiten • Betrachtung alternativer Entwicklungen: Szenarien, Sensitivitätsanalysen
Präsentation	• Klarheit der Darstellung von Chancen und Risiken • Darstellung von Sensitivitäten • Klarheit und Aussagekraft von Charts und Tabellenkalkulation, insb. Verdeutlichung von Annahmen, Verknüpfungen und Algorithmen • Umgang mit (kritischen) Fragen

Die Handlungsmöglichkeiten, die in Tab. 3.2 aufgeführt sind, setzen natürlich voraus, dass die Abweichungen einerseits groß genug sind, um eine Anpassung zu rechtfertigen, andererseits nicht so groß, dass ein gänzlich neuer Geschäftsplan erstellt werden muss. Der häufigste Fall dürfte sein, dass die Soll-Ist-Abweichung eine Kombination aus dem

Tab. 3.2 Handlungsmöglichkeiten in Abhängigkeit von der Art der Soll-Ist-Abweichung

Art der Soll-Ist-Abweichung	Beschreibung	Handlungsmöglichkeiten
Erratische Abweichung	Soll-Ist-Abweichungen der Schätzparameter sind zufällig verteilt	• Analyse der Wirkungsrichtung und Wirkungsintensität jeder Abweichung • Neubewertung der Wirkungszusammenhänge
Temporäre Verschiebung	Das Ist entspricht ungefähr dem Soll, allerdings zeitlich verschoben	• Anpassung der Prognosedaten auf der Zeitachse
Systematische Überschätzung	Bei den ergebnisrelevanten Schätzwerten liegt das Ist **unter** dem Soll	• Korrektur der Werte • Korrektur der Algorithmen (insb. von Multiplikatoren) • Korrektur der Zeitachse
Systematisch Unterschätzung	Bei den ergebnisrelevanten Schätzwerten liegt das Ist **über** dem Soll	
Kombination aller Abweichungsarten	Es ist kein Muster in den Soll-Ist-Abweichungen zu erkennen	• Überprüfung der Prognosemethoden • Überprüfung der Marktbedingungen, insb. hinsichtlich außergewöhnlicher Vorfälle • Variation der Inputvariablen (Prädiktoren)

- späteren Eintritt von exponentiellem Wachstum (der erhofften Hockey-Stick-Funktion),
- einer geringeren Steigung der Wachstumskurve sowie
- dem geringeren Ansteigen der Steigung

ist: Der Markt „startet" später und nicht so euphorisch wie erhofft. Insbesondere für die Verzögerungen beim Markteintritt sind die Gründe Legion, beispielsweise eine längere Produktentwicklungsdauer, Schwierigkeiten beim Übergang von der Prototypenent-wicklung in die Serienfertigung oder ein Zeitverzug durch Vor-lieferanten. Solcherlei Verzögerungen gehören bei Start-ups zum gewöhnlichen Risiko, aber sollten sich die Gründer wieder und wieder „verschätzen", so kann

- Vorsatz unterstellt werden, weil elementare Probleme nicht kommuniziert wurden und die Hoffnung besteht, dass sich diese irgendwie lösen lassen („Salami-Taktik") oder
- Unfähigkeit angenommen werden, weil die Gründer die anstehenden Herausforderungen nicht überschauen.

Prognosefehler dieser Art sind grundsätzlich leicht zu korrigieren, indem der Algorithmus verändert und die Inputdaten auf dem Zeitstrahl verschoben werden. Gründer müssen nun zeigen – so peinlich dies auch sein mag –, dass sie mit dem Investment verantwortungsbewusst umgehen: Wie werden Soll-Ist-Abweichungen begründet? Welche Schlüsse können daraus gezogen werden? Wie ist die Prognose zu überarbeiten? Sollte diese wiederholt inakzeptable Abweichungen aufweisen, ist das ein Signal für mehr Vorsicht für die Investoren, aber sind auch die Richtung und die Art der Plan-Ist-Abweichung die gleichen wie zuvor, muss eine rote Warnlampe angehen.

Vielleicht sei an dieser Stelle darauf hingewiesen – auch wenn es über die Themenstellung hinausgeht –, dass bei jedem erfolgreichen Start-up der Faktor „Glück" eine gehörige Rolle spielt. Auch wenn wir es bei der Präsentation von Geschäftsmodellen nicht wahrhaben wollen, ja, ein Verweis darauf sogar unseriös wirken würde, so ist das Geschäftsglück doch eine wichtige Komponente. Nur Ignoranten negieren „Glück" und schreiben den Erfolg alleine ihrem Genius zu, machen aber für Misserfolg äußere Umstände und Ungerechtigkeiten verantwortlich.

Prognosemethoden für Start-ups

4

Die Details der Anwendung einer jeweiligen Methode sind dem für dieses *essential* zugrunde liegende Buch zu entnehmen. Dort ist auch zu lesen: „Je neuartiger die Aktivität ist und desto weniger Erfahrungen mit Vergleichbarem vorliegen, desto unsicherer werden auch die Prognosen. Dennoch ist es erforderlich, Forecasts zu erstellen, […] sofern deren Aussagewert und somit deren Belastbarkeit für Planungen klar benannt werden. Werden diese nicht deutlich dokumentiert, entsteht ein Priming-Effekt und die Prognose trübt den Blick auf das Projekt, indem sie es beeinflusst."

4.1 Kombinierter Forecast einer Estimation Group

Und weiter: „Die sinnvollste Prognosemethode in der Ideenphase ist die experten-basierte Schätzung: Experten schätzen unabhängig voneinander die Zukunft ein, und zwar sowohl quantitativ (z. B. Umsatzentwicklung, Entwicklung des Absatzes in Stücken, Entwicklung des Marktanteils usw.) als auch qualitativ, in dem sie ihre Schätzungen begründen." Dies scheint ein Widerspruch zu sein, denn oben wurde klargestellt, dass es für die jeweilige Start-up-Situation per se keine Exper-ten geben kann. Aber hier geht es auch nicht um die intuitive Prognose, deren Ergebnisse meist nutzlos sind, sondern um eine expertenbasierte, so fundiert wie möglich erarbeitete Prognose und mit „Experte" sind hier Fachleute für Forecast-Methoden gemeint.

Der kombinierte Forecast
Der beste Forecast ist der kombinierte Forecast. Die Anwendung mehrerer Metho-den und anschließend das Berechnen von Mittelwerten (z. B. je Periode) als

© Springer Fachmedien Wiesbaden GmbH, ein Teil von Springer Nature 2019
J. B. Kühnapfel, *Prognosen für Start-up-Unternehmen,* essentials,
https://doi.org/10.1007/978-3-658-25019-5_4

Ergebnis ist die allgemein akzeptierte bestmögliche Lösung (insb. für Start-up-Prognosen haben dies Gartner und Thomas 1993 nachgewiesen). Die Besonderheit bei Prognosen für Start-ups ist nun, dass es keine Vergangenheitswerte für den zu gestaltenden Markt gibt (sofern das Start-up nicht imitiert). Somit fällt die Mehrzahl aller gängigen Prognosemethoden weg. Der kombinierte Forecast wird also nicht wie allgemein empfohlen mindestens fünf quantitative Prognosen verknüpfen können, sondern aus der Kombination von vorwiegend qualitativen Prognosen Hochrechnungen (Bottom-up-Prognosen) und Marktanteilsabschätzungen (Top-down-Prognosen) entstehen.

Eine zusätzliche Verkomplizierung ergibt sich daraus, dass in den meisten Start-up-Situationen die Markteinführungsaufwendungen den größten Einzelblock in der Plan-Gewinn- und Verlustrechnung ausmachen. Diese aber werden oft zur Disposition gestellt, also „verhandelt": Steht mehr Investmentkapital zur Verfügung, wird ein aggressiver Markteinstieg vorgeschlagen, steht weniger Kapital zur Verfügung, ein sukzessiver, vielleicht zunächst mittels eines Testmarktes. Oft wird dies mit einem Meilensteinplan verbunden, nach dem weiteres Kapital unter der Bedingung ausgezahlt wird, dass bestimmte Markterfolge erzielt werden (Testkunden o. ä.). Hier kommt es zu einem Zirkelschluss: Die Markteintrittsstrategie bestimmt den Kapitalbedarf, der wiederum die Markteintrittsstrategie bestimmt. Die Lösung: Es werden alternative Szenarien gerechnet und jeweils

- der Liquiditätseinsatz bis zum Break-even,
- die spätere Kapitalrentabilität sowie
- die zugehörige Eintrittswahrscheinlichkeit als Risikomaß des Erfolges kalkuliert.

Die Estimation Group
Üblicherweise präsentieren Gründer ihren auf einer Prognose basierenden Geschäftsplan und werden zu den Annahmen für ihr Marktpenetrationsmodell – also zur Datengrundlage ihres Forecasts – befragt. Mit den oben im Scoring-Modell vorgeschlagenen Kriterien lässt sich nun recht zuverlässig einschätzen, welches Risiko der Plan in sich birgt. Aber ein Aspekt wird dadurch außer Acht gelassen: Die **unbekannten Unbekannten.** Hier handelt es sich um jenes Wissen, dass die Investoren gebraucht hätten, um die Situation richtig einzuschätzen, von dem sie aber nicht wissen, dass sie es gebraucht hätten. Sie stellen nicht die „richtigen" Fragen. Gründer haben hier einen Wissensvorsprung, aber sie neigen dazu, im Zweifel die Investoren nicht darauf hinzuweisen; das muss nicht böse Absicht sein, oft ist es Unsicherheit. Wer weckt schon schlafende Hunde!? Der sinnvollste Weg für die Kapitalgeber, diese unbekannten Unbekannten zu identifizieren und zugleich die Qualität der Prognose insgesamt zu bewerten, ist

daran mitzuarbeiten. Wenn es die Investorenvertreter nicht selbst tun, sollten es unabhängige Fachleute sein, die im Wesentlichen zwei Voraussetzungen mitbringen müssen:

1. Fachkenntnis in der Erstellung von Prognosen
2. Unabhängigkeit vom Gründerteam

Fachkenntnis auf dem jeweiligen Gebiet des Start-up-Vorhabens ist keine Voraussetzung.

Der Vertreter des Investors sowie die Gründer bilden nun eine **Estimation Group.** Idealerweise ist deren Aufgabe die Durchführung mehrerer Prognose-Methoden, um aus deren Erwartungswerten einen kombinierten Forecast zu erstellen. In der betrieblichen Praxis wird es aber so sein, dass der Investorenvertreter erst hinzustößt, wenn eine erste Prognose bereits erstellt und die erste Version des Geschäftsplans präsentiert und als erfolgversprechend bewertet wurde, denn warum sollte ein Investor sonst den Aufwand tätigen? Der Investorenvertreter nimmt damit die Rolle eines „Kontrolleurs" ein, was wiederum nicht zweckdienlich ist, da auch ihm bei der bloßen Kontrolle der vorgelegten Prognosen die unbekannten Unbekannten verborgen bleiben. Besser ist, im Rahmen einer Zusammenarbeit die bisherigen Forecasts gedanklich zu verwerfen (Green-field-Ansatz). Das Vorgehen:

1. Sammlung prognoserelevanter Daten
2. Festlegung der anzuwendenden Prognosemethoden
3. Kalkulation der quantitativen Forecasts
4. Durchführung der qualitativen Forecasts (Workshop, Delphi)
5. Kombination der Einzelergebnisse, Bewertung der jeweiligen Eintrittswahrscheinlichkeit und Erstellung alternativer Szenarien
6. Einarbeitung der Ergebnisse in den Geschäftsplan
7. Präsentation dieses Geschäftsplans vor den Investoren mit Darstellung der Abweichungen

In der Regel ist der Arbeitsaufwand für den Vertreter des Investors auf wenige Personentage begrenzt, da er sich auf die Position des Methodenberaters und ggf. Moderators beschränkt. Zu seinem Bericht an den Investor darf übrigens auch seine Einschätzung der Qualität der Zusammenarbeit mit dem Gründerteam gehören. Die Fähigkeit der Start-up-Unternehmer, Kritik anzunehmen, sich mit unterschiedlichen Entwicklungsszenarien zu beschäftigen oder die Bereitschaft, Wissenslücken einzugestehen, fördert ganz sicher das Vertrauen der Investoren.

4.2   Top-down-Prognosen

Für Start-ups, deren Wesensmerkmal die Bearbeitung eines Marktes ist, der erst
noch geschaffen werden muss, eignen sich drei Arten von Top-down-Prognosen,
die nachfolgend beschrieben werden: Die Marktanteilsabschätzung, die Analogiemethode sowie die bekannteste Form der systematischen Expertenbefragung, die
Delphi-Technik. Es handelt sich um deduktive Verfahren, deren Ergebnisse mit jenen
der induktiven Verfahren (Abschn. 4.3) in einen kombinierten Forecast eingehen.
Zuerst wird jedoch festgelegt,

- **welche Prognosewerte** (Umsatz, Gewinn, Kundenanzahl, Stückzahlen, Ver-
  kaufsakte o. ä.)
- für **welchen Zeitraum** und **welche Intervalle** (monatlich für die nächsten drei
  Jahre, Quartalszahlen für die nächsten fünf Jahre, Tagesumsätze für die ersten drei
  Monate nach Markteintritt, dann Monatsumsätze für die nächsten drei Jahre o. ä.)
- in **welcher Granularität** (insgesamt für das Unternehmen, je Produkt, je
  Kundenkategorie o. ä.)

ermittelt werden sollen. Das klingt einfach, ist es jedoch nicht. Z. B. ist die Delphi-
Methode nicht dafür gedacht, eine Prognose für organisatorische Einheiten zu
erstellen. Top-down-Forecasts sind Mittel, um Rahmenbedingungen zu überprüfen:
Ist ein hinreichend großer Markt vorhanden, gibt es Kaufbereitschaft usw. Sie sind
alleine schon deshalb unverzichtbar, um die Eintrittswahrscheinlichkeit der von
den Gründern vorgelegten Prognose einzuschätzen.

4.2.1   Methode der Marktanteilsabschätzung

Eine Prognose lässt sich erstellen, ohne dass der Verlauf der Abverkäufe geschätzt
wird. Stattdessen wird für zukünftige Perioden

- ein Gesamtmarkt und
- der für das eigene Start-up-Unternehmen realisierbare Anteil an diesem

geschätzt.

Abschätzung des Gesamtmarktes
Die erste Frage ist, was der Gesamtmarkt sein soll und wie groß er in der Zukunft
sein wird. Je nach Konstellation der Dimensionen „Neuartigkeit des Produktes"

und „Neuartigkeit des Marktes" kann dieser Gesamtmarkt möglicherweise überhaupt nicht eingeschätzt werden. Der Grund ist, dass außer dem eigenen Angebot wahrscheinlich noch Angebote von Wettbewerbern auf den Markt kommen werden, und zwar umso mehr und schneller, je erfolgreicher das Start-up-Unternehmen ist. Je neuartiger nun Produkt und/oder Markt sind, desto schwieriger wird es, eine Prognose für den zu erwarteten Gesamtmarkt zu erstellen. Abb. 4.1 zeigt dies in Anlehnung an die bekannte Ansoff-Matrix.

Prognosekomplexität ergibt sich daraus, dass zahlreiche Parameter, die einen Markt beschreiben, unbekannt sind. Welche Personen oder Unternehmen kommen als Kunden infrage? Was kaufen diese heute stattdessen? Wie lange dauert es, die möglichen Interessenten über das neue Produkt und seine Verwendungsmöglichkeiten zu informieren? Wie lange werden sie benötigen, um sich zu entscheiden? Werden diese, sofern sie zufrieden sind, das Produkt weiterempfehlen, um Multiplikatoreffekte zu erzielen? Werden Medien helfen, das Produktangebot zu kommunizieren? Können all diese Prozesse beschleunigt werden und stehen ausreichend Mittel hierfür zur Verfügung?

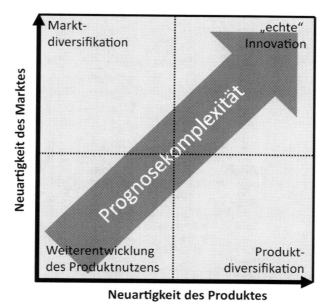

Abb. 4.1 Prognosekomplexität in Abhängigkeit von der Neuartigkeit des Produktes bzw. des Marktes

Um diese Fragen zu beantworten und somit zur Prognose eines Gesamtmarktes im Zeitverlauf zu kommen, ist der probate Weg, zunächst nach Referenzwerten zu suchen: Gesucht ist eine Größe, die mit dem abzuschätzenden Gesamtmarkt voraussichtlich korreliert (Tab. 4.1). Dieses Verfahren ist der Analogiemethode, die in Abschn. 4.2.2 erläutert wird, ähnlich.

Abschätzung des Anteils am Gesamtmarkt
Der zweite zu bestimmende Faktor ist der zu vermutende prozentuale Anteil des eigenen Unternehmens am Gesamtmarkt. Dieser wird wiederum von zwei Größen determiniert: Dem maximal möglichen Marktanteil bei Marktsättigung sowie der Penetrationsgeschwindigkeit. Sie ist umso größer, je

- bekannter der Produktnutzen ist,
- klarer die Vorteile der Produktnutzung sind,
- niedriger die Kaufhürden sind,
- langfristig rechtssicherer die Regulierung des Marktes ist (Strom, Gesundheit),
- kurzlebiger und ersatzbedürftiger mögliche bisher eingesetzte Produkte mit ähnlichem Nutzen sind usw.

Auch hier ist es günstig, wenn Referenzentwicklungen vorliegen, die einen bestimmten Penetrationsverlauf nahelegen. Ansonsten bleibt es bei Hypothesen, die mittels des Delphi-Verfahrens von Experten überprüft werden sollten. Solche Verlaufshypothesen sind gerade deswegen so schwierig, weil die Marktdurchdringung innovativer Produkte auf innovativen Märkten selten linear verläuft.

Tab. 4.1 Mögliche Referenzgrößen zur Abschätzung des Gesamtmarktes

Referenzwert	Beschreibung
Referenzprodukt	Markt (Umsatz- oder Absatzzahlenentwicklung) für ein Produkt mit ähnlicher Nutzenstiftung, das (zumindest teilweise) ersetzt oder verbessert werden soll.
Referenzmarkt	Entwicklung eines vergleichbaren, aber nicht adressierten/adressierbaren Marktes für das gleiche oder zumindest ein ähnliches Produkt, z. B. im Ausland.
Obligatorisches Vorprodukt	Vorhandener oder erwarteter Markt für ein Produkt, über das die Interessenten verfügen müssen, um das Produkt des Start-ups nutzen zu können.
Derivativer Markt	Entwicklung eines Marktes für Produkte, die mit Hilfe der Innovation des Start-ups erzeugt und verkauft werden sollen (ausschließlich b2b-Sektor).

Auf dem **b2b-Sektor** mit einer begrenzten, abzählbaren Anzahl möglicher Kunden erscheint ein Verlauf der Auftragseingänge und damit der Umsätze – zumindest in der Tendenz – linear. Dort dominiert der persönliche Verkauf als Absatzweg und somit ist der Auftragseingangsverlauf von verfügbaren Vertriebskapazitäten und vielleicht noch Erfahrungskurveneffekten bestimmt. Aber wenn die Schlagzahl von Vertriebskontakten multipliziert mit der Erfolgsquote (bzw. der Anzahl notwendiger Kundenbesuche je Auftrag) die Grundlage einer Prognose ist, handelt es sich nicht mehr um eine Top-down-, sondern um eine Bottom-up-Methode, wie sie in Abschn. 4.3 beschrieben wird. Das Prognoserisiko wird bspw. durch folgende Aspekte bestimmt:

- Technologierisiko: Die Produktentwicklung dauert länger als unterstellt.
- Produktrisiko: Kunden benötigen das Produkt nicht bzw. erkennen den Nutzen nicht. In diesem Falle wird das Start-up scheitern, sofern es keine Anpassungsmöglichkeiten gibt.
- Preisrisiko: Substitutive Güter oder ein unklarer Produktnutzen können dazu führen, dass Kunden nicht bereit sind, den gewünschten und in der Geschäftsplanung des Start-ups unterstellten Preis zu bezahlen.
- Lernkurve im Vertrieb: Die Verkäufer benötigen länger als erwartet, potenzielle Kunden zu identifizieren, im Verkaufsgespräch den Produktnutzen zu transportieren oder die Angebote so anzupassen, dass sie marktfähig sind.
- Distributionsrisiko: Es dauert länger als unterstellt, die Produkte kunden-/ auftragsgerecht anzupassen bzw. auszuliefern. Abgesehen vom möglichen Mehraufwand wird sich der Zahlungseingang verzögern und der Kapitalbedarf steigt.

Die Marktdurchdringung im **b2c-Sektor** ist ebenso schwer abzuschätzen, wenn auch aus anderen Gründen. Einen limitierenden Faktor wie den personengebundenen Vertrieb gibt es nur beim Direktvertrieb, aber sicherlich nicht, wenn neben dem Präsenzhandel ein Web-Shop zum Einsatz kommt. Schnell ist eine adäquate Marktabdeckung erreicht; letztlich ist dies eine Frage der akzeptablen Vertriebskosten (eingeräumte Handelsmarge, dem Handel gegebene Umsatzgarantien usw.). Ohne den „Bottleneck" der Anzahl eigener Verkäufer kann es nun zu vollkommen erratischen Verläufen kommen, je nachdem, wie die Annahme des Produktes durch die Endkunden unterstellt wird. Ein typischer nicht-linearer, vom Gründerteam gerne bemühter Verlauf ist die „Hockey-Stick-Funktion", bei der nach einer Markteinführungsphase mit nur gering steigenden Penetrationsraten plötzlich „die Post abgeht". Als Begründung werden oft Multiplikatoreffekte genannt in der Hoffnung, dass jeder Kunde 1 + x weitere Kunden bewirkt. Solche Verläufe gibt es tatsächlich und werden gerne zitiert. Sie wirken dann als Verfügbarkeitsheuristik. Häufig sind sie nicht.

Es ist anzunehmen, dass die Marktdurchdringungsgeschwindigkeit umso schwerer abzuschätzen ist, desto eher es sich bei dem Produkt des Start-ups um ein Spontankaufprodukt handelt: „Trends" bzw. „Moden" entstehen und vergehen, planbar sind sie wohl nicht.

4.2.2   Analogiemethode

Abb. 4.1 verdeutlichte, dass die Prognosekomplexität geringer ist, wenn ähnliche Produkte oder ähnliche Märkte bereits existieren. Es lohnt sich also, nach Analogien zu fahnden. Ist eine Analogie gefunden, ist deren historische Entwicklung eine Art „Roadmap" für die eigene Geschäftsidee. Doch müssen sich Analogien deutlich aufdrängen! Werden sie erst mühsam konstruiert, taugen sie wenig. Für die Zwecke der Prognose bieten sich drei Arten von Analogien an:

1. Märkte
2. Produkte
3. Verbreitung von Vorprodukten

Somit benutzen Analogiemethoden Referenzmärkte, wie sie in Tab. 4.1 dargestellt werden.

Marktanalogien
Die bekannteste Marktanalogie ist „das Ausland". Wurden dort gleiche oder zumindest ähnliche Produkte bereits früher eingeführt und ist die Marktstruktur (Kundenart, Wettbewerber, regulatorische Rahmenbedingungen usw.) vergleichbar, so kann diese Marktentwicklung als Blaupause verwendet werden. Für eine Prognose bedarf es noch einer Korrekturziffer, mit der eine unterschiedliche Marktgröße ausgeglichen wird. Dass dieses Vorgehen Schwächen aufweist und eine historische Marktentwicklung im Ausland nicht unbedingt die eigene zukünftige wiedergeben muss, liegt auf der Hand. Auch ist die Versuchung groß, nur „strahlende", erfolgreiche Analogien zu berücksichtigen, aber für negativ verlaufene gute Gründe zu suchen, warum diese eben nicht repräsentativ seien.

Neben den ausländischen Märkten eignen sich auch inländische, etwa in anderen Regionen. Diese haben den Vorteil, dass sie in einem vergleichbaren Umfeld mit gleichen Basiskonstellationen stattgefunden haben. Grundsätzlich könnte auch ein Testmarkt ein solcher Referenzmarkt sein, wie er etwa für Konsumgüterprodukte von der GfK in Haßloch betrieben wird. Aber in der Regel wird es in der Vorgründungsphase nicht möglich sein, einen solchen einzurichten oder zu nutzen, entweder, weil die Finanzmittel nicht ausreichen oder weil das Produkt noch nicht existiert. Zu suchen ist also ein vorhandener analoger Markt, der sich als Referenz eignet. Und das wird er nur, wenn das Nachfrage- bzw. Nutzungsverhalten der potenziellen Kunden hinreichend vergleichbar ist. Dazu müssen, je nach Markt, bei den Zielkunden

- die Höhe des Beschaffungsbudgets,
- die vorgesehene Verwendung des Budgets,
- das Zustandekommen der Beschaffungsentscheidung und
- konkurrierende Verwendungsmöglichkeiten des Budgets

ähnlich sein; je ähnlicher, desto besser. Wachstumsraten sind zu übernehmen, die Volumengrößen (Umsatz, Stückzahlen, Anzahl Aufträge pro Periode usw.) entsprechend der Größenrelationen zu korrigieren.

Produktanalogien

Das Nachfrageverhalten lässt sich abschätzen, wenn Verkaufsdaten ähnlicher Produkte zur Verfügung stehen. Diese müssen ein vergleichbares Nutzenbedürfnis der Kunden befriedigen und damit handelt es sich um konkurrierende Produkte oder doch zumindest um solche, die um das gleiche Beschaffungsbudget streiten. Hier sind zudem zwei Dimensionen einer Marktentwicklung zu unterscheiden:

- Realisiertes Marktvolumen als Momentaufnahme (Zeitpunkt)
- Entwicklung als dynamischer Verlauf (Zeitraum)

Soll die Absatzentwicklung eines Produktes abgeschätzt werden, das mit einem bereits angebotenen konkurriert, kann eine Verdrängung oder eine Marktausweitung angenommen werden. Bei der **Verdrängung** ist abzuschätzen, welchen Anteil des vom etablierten Produkt bereits realisierten Marktvolumens das neue Produkt erreichen wird. Bei einer **Marktausweitung** ist anzunehmen, dass das neue Produkt zumindest teilweise das alte ergänzt. Der Markt wird größer. In beiden Fällen basiert die Absatzprognose auf Annahmen über das Kaufverhalten und somit unterliegt eine solche Prognose all den beschriebenen Gefahren einer kognitiven Verzerrung. Hilfreich ist es hier, nicht das Marktvolumen als Analogie bzw. Referenz für die Absatzprognose heran zu ziehen, sondern die relative Absatz**entwicklung** des ähnlichen Produktes zu betrachten.

Zweifellos: Analogien, die auf Basis ähnlicher Produkte für die Erstellung einer Prognose für die Geschäftsentwicklung des Start-ups erstellt werden, sind stets unter Vorbehalt zu nutzen. Sie können jedoch indikativ oder als Komponente des kombinierten Forecasts eingesetzt werden, oder aber, die Gründer stellen sie im Rahmen einer Delphi-Befragung zur Diskussion.

Verbreitung von Vorprodukten

Einige analogiebasierende Prognosen machen sich zunutze, dass das einzuführende Produkt ein Folgeprodukt von bereits existierenden ist. So korreliert der Absatz von weißer Ware, also von Waschmaschinen, Trocknern oder Spülmaschinen, mit der Anzahl fertig gestellter Wohneinheiten. Da deren Fertigstellung langfristig vorher bekannt ist, dient sie als guter Prädiktor (Carman 1972). Ursache (Fertigstellung von Immobilien) und Wirkung (Absatz von weißer Ware) stehen in einem kausalen Zusammenhang. Ein Nachteil ist, dass zuweilen nur Teile des vom Start-up adressierten Zielmarktes erfasst werden. Im hiesigen Beispiel ist es nur der Erstausstattungs–, nicht aber der Ersatzbeschaffungsmarkt, der vermutlich wesentlich größer ist.

4.2.3   Zielgruppen- und Kaufverhaltensprognosen

Ähnlich der Marktanteilsabschätzung wird mittels der Prognose des Verhaltens der Zielgruppe versucht, den zukünftigen Absatz des eigenen Produktes zu schätzen. Natürlich interessiert als „Verhalten" in erster Linie der **Kauf** des Produktes, aber auch Anderes ist von Bedeutung, z. B. Weiterempfehlungen, Reklamationsverhalten (das so manchem Online-Versender Bauchschmerzen bereitet) oder Zahlungszuverlässigkeit.

Der Ausgangspunkt ist stets die Segmentierung der Zielgruppe. Hierfür werden Kriterien benötigt, die für die Prognose des Absatzes relevant sind, etwa

- die Produkteinsatzmöglichkeiten bzw. der Beschaffungsbedarf,
- die vermutete Dringlichkeit des Bedarfs, also
- die Abhängigkeit der Zielgruppenmitglieder von der Nutzung des Produktes,
- die Kaufabsicht, oder
- das verfügbare Haushaltsnettoeinkommen.

Anhand dieser (möglichst objektiv messbaren) Kriterien werden Cluster gebildet, innerhalb derer das vermutete Nachfrageverhalten der Interessenten jeweils gleich ist (Morwitz und Schmittlein 1992). Können nun

1. die Anzahl von Interessenten je Cluster festgestellt werden sowie
2. die Wahrscheinlichkeit der Kaufabschlüsse von Interessenten je Cluster („Cluster-Chance") und
3. eine zeitliche Entwicklung dieser Kaufabschlüsse

abgeschätzt werden, so ergibt sich eine Absatzprognose. Es wird hier sinnvoll sein, nicht nur mit einem, sondern mit mehreren alternativen Szenarien zu arbeiten, etwa einer „forschen", einer „mittleren" und einer „zögerlichen" Entwicklung. Es ergibt sich ein Korridor möglicher Absatzverläufe, innerhalb dessen die anderen Prognosen, die erstellt werden, um einen kombinierten Forecast zu ermitteln, liegen sollten.

Um das Zielgruppenverhalten kennen zu lernen und die Daten zu ermitteln, die für das Clustern der Interessenten notwendig sind, werden Informationen benötigt. Diese stammen zuweilen aus Studien und Marktexpertisen. Besser ist es jedoch, sich selbst mit dem Markt zu beschäftigen. Für den b2c-Sektor bedeutet dies, Marktforschung zu betreiben und das ist teuer. Doch: Soll nun erst in teure Marktforschung investiert werden, um mittels der gewonnenen Daten eine verlässliche Absatzprognose zu erhalten, die Grundlage des Geschäftsplans wird, mittels dessen sich Investoren überzeugen lassen, oder sollen die Investoren erst einsteigen und mit ihrem Geld die Marktforschung bezahlen? Praxisüblich ist, dass die Gründer zunächst Marktforschung durch Erfahrungswissen ersetzen oder Analogien zitieren (siehe Abschn. 4.2.2) – ein Vorgehen, dass Wahrnehmungsverzerrungen, insb. Repräsentativitäts- und Verfügbarkeitsheuristiken Tür´ und Tor öffnet, in vielen Start-up-Situationen aber wegen der fehlenden finanziellen Ressourcen des Gründerteams alternativlos ist.

Auf dem b2b-Sektor stellt sich die Situation anders dar: Hier ist es durchaus möglich, auch in der Vorgründungsphase mit potenziellen Kunden zu sprechen und deren Einschätzungen zu nutzen. Selbstverständlich werden diese tendenziell zu optimistisch davon ausgehen, das vorgestellte Produkt später einmal kaufen zu wollen und wenn dann noch ein euphorisierter Gründer auf einen begeisterungsfähigen Gesprächspartner trifft, scheint das Ergebnis wenig wert zu sein. Doch nutzen andere Verfahren der Abschätzung des Zielgruppenverhaltens, etwa der **Net Promoter Score** (Reichheld 2006) oder der **Knowledge of Customer Index** (Kühnapfel 2017, S. 272 ff.), wenig, denn bei diesen wird stets eine Kauferfahrung oder ein existierender Kundenstamm vorausgesetzt. Aber über einen solchen verfügt ein Start-up-Unternehmen nicht. Die Lösung wird sein, dass die Gründer, vielleicht begleitet von einem Investorenvertreter, Einzelinterviews führen und insbesondere bei Einwänden und Bedenken der Gesprächspartner genau hinhören. Der Umgang mit Kritik wiederum wird den Investoren im Sinne der Ausführungen in Abschn. 2.2 Hinweise auf die Glaubwürdigkeit der Prognosen des Gründerteams geben.

Fazit: Prognosen auf Basis des erwarteten Zielgruppenverhaltens sind nur grobe Anhaltspunkte, um einen belastbaren Forecast zu erstellen, der zur Grundlage einer Unternehmensplanung werden soll. Sie werden dennoch in der Praxis mit einer gewissen Regelmäßigkeit genutzt und dienen Gründern als Nachweis der Marktfähigkeit der präsentierten Geschäftsidee.

4.2.4 Delphi-Befragung

Die Delphi-Methode wurde entwickelt, um eine Konsensmeinung einer Experten-gruppe zu entwickeln, ohne dass durch gruppendynamische Prozesse das Ergeb-nis verzerrt wird, denn diese sind in klassischen Gruppendiskussion häufig anzutreffen: Meinungen von ausgewiesenen Experten werden stillschweigend übernommen (Halo-Effekt), Argumentationen werden geglaubt, die besonders schlüssig erscheinen (narrative Verzerrungen) und Recht hat, wer seine Meinung „am kompetentesten" vertritt; Minderheitenmeinungen oder unorthodoxe Sicht-weisen werden zögerlich oder gar nicht vorgebracht. Aber die Delphi-Methode ist nicht nur ein probates Mittel, um solche unerwünschten Effekte auszuschließen. Zahlreiche Studien belegen eindrucksvoll, dass die durch einen iterativen Pro-zess gewonnene Konsensprognose in fünf von sechs Fällen individuell erstellte Prognosen schlägt (Rowe und Wright 2002, ein Beispiel aus dem Finanzdienst-leistungssektor liefern Kauko und Palmroos 2014).

Nachfolgend wird das Verfahren beschrieben, das grundsätzlich auch ohne methodische Vorerfahrung angewendet werden kann. Es empfiehlt sich, streng dem dargestellten Modell zu folgen und auf „Abkürzungen" oder eigene Varian-ten zu verzichten und z. B. der Versuchung zu widerstehen, Zwischenmeetings abzuhalten (ein häufig gemachter Kardinalfehler). Ausführlich ist das Verfahren bspw. in Kühnapfel 2017 S. 109 ff., beschrieben.

Vorbereitungsphase
1. Moderator bestimmen: Eine Person, die in jedem Falle neutral und nicht in irgendeiner Weise abhängig vom Ergebnis ist, wird als Moderator bestimmt. Sie allein kommuniziert mit den Mitgliedern der Delphi-Gruppe, sie wer-tet Rückmeldungen aus und sie erstellt Zwischenberichte. Insofern muss der Moderator ausreichende Autorität gegenüber den Investoren und den Gründern zugleich besitzen. Seine Rolle ist am ehesten mit der eines Wirtschaftsprüfers vergleichbar: Er verbindet Neutralität mit Fachexpertise.
2. Teilnehmergruppe zusammenstellen: Es sind Personen einzubinden, die entweder fachlich die Geschäftssituation (Produkt, Kunden, Wettbewerb, Rahmenbedingungen usw.) bewerten können oder aber auf der Metaebene Erfahrungen mit Start-up-Situationen haben. Typisch ist eine Gruppengröße von sechs bis zehn Personen, mindestens aber vier. Die Teilnehmer dürfen sich kennen und es ist auch nicht schädlich, wenn sie wissen, wer noch an dem Verfahren teilnimmt.

3. Spielregeln definieren: Der Moderator stellt sicher, dass alle Teilnehmer mit dem Prozedere vertraut sind. Er weist insbesondere darauf hin, dass Abstimmen, Vergleichen oder Diskutieren zwischen den Teilnehmern unerwünscht ist. Er wird einen Zeitplan erstellen und mit den Teilnehmern abgleichen, sodass alle zu verabredeten und ihnen vorab bekannten Zeitpunkten Arbeitsdokumente erhalten und ihre Ausarbeitungen abgeben.

Durchführungsphase

4. Fragestellung erarbeiten: Ein Knackpunkt der Delphi-Methode ist die richtige Formulierung der Fragestellung. Dies ist Aufgabe des Moderators. Es kann sich dabei um eine einzelne Frage, ein Paket von Abschätzungen oder auch um die Kommentierung von Hypothesen o. ä. handeln. Für die Zwecke der Prognose der Geschäftsentwicklung eines Start-up-Unternehmens ist also möglich,
   a) die Prognose selbst zu entwickeln,
   b) eine vorhandene Prognose zu kommentieren oder
   c) die erwarteten zukünftigen Umwelt- bzw. Marktbedingungen zu beschreiben.
   Bewährt hat sich,
   - das zu prognostizierende Szenario zu umreißen und einzugrenzen,
   - offene Fragen zu stellen oder ersatzweise zu kommentierende Hypothesen zu formulieren,
   - quantitative Einschätzungen einzufordern sowie
   - eine Begründung für diese Einschätzung zu verlangen.
   Die Antworten werden also sowohl Kommentare in Freitext, strukturierte Antworten und Rückfragen, als auch quantifizierte Ergebnisse enthalten.

5. Erste Bearbeitung der Themenstellung: Die Teilnehmer erhalten vom Moderator die Fragestellung(en) zugesandt, die diese nun bearbeiten und dem Moderator zurücksenden.

6. Erste Auswertung der Ausarbeitungen: Der Moderator wertet die rücklaufenden Ausarbeitungen aus, versucht, Konsensmeinungen herauszuarbeiten, wird aber auch extreme Meinungen und ihre Begründungen (sofern gegeben) dokumentieren. Quantitative Aussagen wertet er aus, indem er Mittelwerte, Wertekorridore und Konfidenzintervalle bildet. Der Moderator muss die Argumentationsstränge der Teilnehmer verstehen und auch berücksichtigen. Dies gilt für einen sich bereits hier herausbildenden Konsens ebenso wie für abweichende Positionen, die durchaus den Nutzen haben können, andere zu inspirieren („Ach ja, das habe ich nicht bedacht!"). Im Ergebnis entsteht eine zusammenfassende Auswertung der Ergebnisse, die der Moderator den Teilnehmern zukommen lässt. Das Format ist grundsätzlich egal, bewährt hat sich eine präsentationsartige Struktur. Unter Umständen können weitere Fragen hinzukommen, wenn sich diese aus der Auswertung der ersten Ausarbeitungen ergeben.

7. Zweite Bearbeitung der Themenstellung: Die Teilnehmer lesen den Rücklauf und überdenken ihre eigenen Einschätzungen. Ergänzende Fragestellungen werden bearbeitet. Ihre Antworten spielen sie dem Moderator zurück.

8. Zweite Auswertung der Ausarbeitungen: Der Moderator bearbeitet die Rückläufer und fasst sie in der gleichen Art und Weise zusammen wie zuvor. In der Regel entsteht, je nach Fragestellung, hier bereits eine belastbare Konsensmeinung bzw. Konsensprognose. Werden hingegen die Antworten immer noch sehr kontrovers diskutiert, so ist eine dritte Runde sinnvoll. Von Bedeutung ist, dass je Frage sowohl die Konsensmeinung, als auch begründete abweichende Meinungen dokumentiert werden. Diese können später von Bedeutung sein, wenn die Eintrittswahrscheinlichkeit bestimmter Szenarien bewertet werden sollen. Ein Hinweis: Stellt sich kein Konsens ein, ist dies auch ein interessantes Ergebnis und sagt Gründern und Investoren zumindest, dass eine hohe Unsicherheit hinsichtlich der untersuchten Zukunft besteht. Volatilität ist Risiko!

So einleuchtend dieses Verfahren erscheint, so erstaunlich ist es, dass sich die Delphi-Methode kaum als Instrument der qualitativen Prognose durchsetzen konnte. Das liegt sicherlich nicht am Aufwand, denn der ist tatsächlich recht gering. Der Grund ist vielmehr, dass der Nutzen der aus Sicht der teilnehmenden Experten anonymisierten Antworten verkannt wird. In vielen Unternehmen herrscht die Meinung, dass das Arbeitsklima gut genug sei, um eine offene Diskussion zu ermöglichen. Doch selbst dann, wenn dies stimmt, ist eine Diskussion im Rahmen eines Meetings immer von der Dynamik der Situation bestimmt. Sei es die zur Verfügung stehende Zeit, die Rollen der Teilnehmer oder die Art und Weise, wie Aspekte vorgebracht werden und darauf regiert wird, in jedem Fall ist eine isolierte, konzentrierte Beantwortung durch Experten mittels der Delphi-Befragung fruchtbarer. Der Nachteil, dass keine gegenseitige Inspiration stattfindet, wird dabei teilweise durch den mehrstufigen Prozess ausgeglichen.

4.3   Bottom-up-Prognosen

Eine wichtige Form der Prognose, insbesondere jener für Absatzpläne von Unternehmen, ist der Bottom-up-Forecast. Der übliche Weg ist dabei, in der gewünschten Planungsgranularität, z. B. auf Monatsbasis, die Absatzmenge mit dem Preis zu multiplizieren und so einen (Monats-)Umsatz auszuweisen. Statt der Absatzmenge kann – insb. bei Geschäftskonzepten im b2b-Markt – auch die Kundenanzahl angegeben sein, was aber keinen Unterschied macht, wenn pro Kunde genau ein Produkt verkauft werden soll oder das Umsatzvolumen je Kunde festliegt. Typischerweise wird mindestens einer dieser Faktoren, z. B. die Absatz-menge, nicht Monat für Monat geschätzt, sondern mittels eines Algorithmus, also einer Funktion, fortgeschrieben (z. B. „$Umsatz_{(Monat)} = Umsatz_{(Vormonat)} * 1,02$" bei einem unterstellten Wachstum von 2 % je Monat).

Ein solches Vorgehen ist keineswegs falsch. Es darf aber nicht mit einer Pro-gnose verwechselt werden. Hier handelt es sich stattdessen um eine Planungs-rechnung. Es ist nicht einmal eine Extrapolation, denn wie der Name schon aussagt, werden dafür Vergangenheitsdaten benötigt, die es bei einem Start-up nicht gibt. Nützlich ist dieses Vorgehen dennoch, denn so lassen sich komfortabel Sensibilitäten ermitteln. Beispiel: Was passiert mit dem Kapitalbedarf (Liquidi-tät) oder dem Jahresüberschuss (GuV), wenn die Wachstumsrate statt 2 % nur 1,8 % betrüge? Diese Werte lassen sich wiederum gut in einer Delphi-Befragung verifizieren. Ziel aus Sicht der Investoren ist es, ein Gefühl für die Anfälligkeit der Planung hinsichtlich ungeplanter Verzögerungen oder nicht vorausgesehener Veränderungen des Marktes zu bekommen, und damit für das grundsätzliche Investitionsrisiko. Nicht hilfreich ist selbstredend, wenn sich die Bottom-up-basierte Planungsrechnung als Wunschszenario des Gründerteams entpuppt.

Zu planen und damit abzuschätzen sind wie eingangs beschrieben die folgenden Parameter:

- Kleinste Planungsperiode, z. B. Monat
- Preis je Periode und damit auch die Preisentwicklung über den gesamten Planungszeitraum
- Absatzmenge je Periode, entweder in Anzahl (je) Produkte, Anzahl Kunden oder Anzahl Aufträge
- Der Zeitpunkt, ab dem Umsatz generiert werden soll, also der Beginn der Zeitreihe

Die Bottom-up-Prognose für sich betrachtet ist offensichtlich keine, sondern nur die Fortschreibung von Werten mittels eines Algorithmus. Sie ist – noch einmal – nützlich, um Sensibilitäten zu ermitteln und Planungseckwerte zu testen, die dann Meilensteine in alternativen Szenarien beschreiben. Wertvoll wird sie sogar, wenn sie auf Basis von methodisch sachgerecht durchgeführten Prognosen, wie sie zuvor beschrieben wurden, erstellt wird. Dann ist die Bottom-up-Methode das Abbild – oder besser: die resultierende Funktion – des kombinierten Forecasts. „Abbild" bedeutet, dass die Werte des Durchschnitts-Forecasts (i. d. R. Umsätze) nicht direkt in die Geschäftsplanung übernommen werden, sondern die Parameter der Umsatzplanung (Preis, Menge) so adjustiert werden, dass die Ergebnisse den Forecast möglichst genau wiedergeben. Der Nutzen ist, dass die Parameter zu Zwecken der Sensitivitätsanalyse verändert werden können.

Ein Gründerteam hat auf Basis der 3D-Druckertechnologie einen Automaten entwickelt, mit dem sich Passanten in wenigen Minuten eine Büste erstellen lassen können. Die Automaten ähneln den bekannten Fotokabinen. Das Geschäftskonzept sieht vor, diese Automaten gebrauchsfertig zu produzieren und samt Wartungsdiensten Betreibern von Standorten mit Publikumsverkehr zu verkaufen.

Das Gründerteam besteht aus einem Ingenieur und einem Marketing-Spezialisten. Der Ingenieur war bei seinem bisherigen Arbeitgeber als Leiter der Abteilung Prototypenentwicklung tätig. Dort sammelte er umfangreiche Erfahrungen mit 3D-Druckern und er geht davon aus, dass die technische Umsetzung der Pro-duktidee ein lösbares Problem darstellen wird. Auch für Detailprobleme wie den Schutz der Augen der Passanten während des Scan-Vorgangs oder die Organisation der Abholung der fertig gedruckten Büste hat er Lösungen. Der Marketier arbeitete bisher als Produktmanager in einem Mobilfunkunternehmen.

Das Gründerteam stellt seine Idee einem Investor vor. Die Präsentation enthält auch einen Geschäftsplan, der auf einer Absatzprognose basiert, die weniger ein Forecast als vielmehr eine Zielplanung ist. Die Investoren stehen der Geschäftsidee grundsätzlich offen gegenüber, möchten aber einen soliden Absatzplan sehen und damit eine bessere Fundierung des Geschäftsplans. Sie beauftragen einen Externen, der ausreichend Erfahrung mit Geschäftsplanungsprozessen und hier insbesondere mit Start-up-Unternehmen hat, die Überarbeitung der Planung zu moderieren. Es stehen acht Wochen zur Verfügung, das Budget ist jedoch recht gering.

Schritt 1: Bestandsaufnahme

In einem Kick-off-Meeting, an dem der Experte und die zwei Gründer teilnehmen, wird eine Bestandsaufnahme gemacht: Es gibt noch keine Vorarbeiten, die eine Absatzplanung fundieren könnten. Das Produkt ist den Verbrauchern

© Springer Fachmedien Wiesbaden GmbH, ein Teil von Springer Nature 2019
J. B. Kühnapfel, *Prognosen für Start-up-Unternehmen,* essentials,
https://doi.org/10.1007/978-3-658-25019-5_5

(Passanten) unbekannt, aber der Produktnutzen dürfte selbsterklärend sein. Im Gründerteam hat nur der Ingenieur Führungserfahrung. Kaufmännisches Know-how ist keines vorhanden. Unklar ist den Investoren, welches statistische Methodenwissen die beiden Gründer mitbringen. Positiv ist, dass beide dem Prozess, der von dem Experten nicht nur unterstützt, sondern auch geleitet wird, offen gegenüberstehen, denn das Ergebnis ist für sie selbst eine Möglichkeit, das eigene, private Risiko abzuschätzen. Erschwerend ist für den Prozess, dass beide Gründer noch ungekündigte Anstellungsverhältnisse haben.

Schritt 2: Festlegung der Prognosewerte, des Prognosezeitraums usw.
Sodann wird festgelegt, welche Werte im Rahmen der Prognose zu ermitteln sind. Im Wesentlichen sind es jene, die erforderlich sind, um in der Frühphase des Start-ups eine Einschätzung des Risikos einer Seed-Finanzierung abgeben zu können. Tab. 5.1 zeigt die Auswahl der Prognosewerte.

Im Wesentlichen geht es also um die Umsätze für Automaten und Wartungsverträge als Produkt aus Menge und Preis sowie den Zeitpunkt der ersten Rechnung, der mit der ersten Auslieferung zusammenfallen sollte.

Schritt 3: Abschätzung des Gesamtmarktes
Im Sinne der Darstellung in Abb. 4.1 handelt es sich hier zweifellos um ein neues Produkt für einen neuen Markt, also um eine echte Innovation. Dementsprechend

Tab. 5.1 Auswahl der Prognosewerte für das Geschäftsmodell 3D-Büsten-Drucker, Ausgangssituation

Prognosewert	Beschreibung	Intervall
Preis je Automat	Vermuteter Verkaufspreis nach Abzug von Rabatten usw.	Einführungsphase (6 Monate) monatlich, danach konstant
Verkaufsmenge Automaten	Stückzahl, abhängig von Vertriebsleistung, Akquisitionsdauer usw.	Monatlich
Auslieferung des ersten Automaten	Festlegung des ersten Umsatzmonats, also Entwicklungszeit zzgl. Vertriebszeit (überlappend)	Einmalig
Preis Wartungsvertrag		Einmalig
Verkaufte Wartungsverträge	Quote der je x Automaten verkauften Wartungsverträge	Monatlich

hoch ist die Prognosekomplexität. Es gibt keine Referenzprodukte und keine Referenzmärkte, die für die Ableitung eines möglichen Gesamtmarktes genutzt werden könnten. Aber es gibt ein „obligatorisches Vorprodukt" (siehe die Beschreibung in Tab. 4.1), dessen Verbreitung analysiert werden könnte, um einen Referenzwert für die Gesamtmarktabschätzung zu erhalten: Die **Anzahl möglicher Aufstellstandorte.** Hier recherchieren die Gründer Daten, die in Tab. 5.2 wiedergegeben sind. Die Daten sind relativ einfach zu beschaffen. Es besteht Einigkeit darüber, dass der Zielmarkt Deutschland sei, zumindest in den ersten Phasen der Geschäftsentwicklung, bis der Break-even auf Liquiditätsbasis erreicht ist.

Es wird also zunächst von einem Gesamtmarkt von 800 Automaten in Deutschland ausgegangen. Weitere Ideen für Aufstellstandorte werden gesammelt, aber zunächst nicht berücksichtigt. Dem Experten gelingt es, die zwei Gründer auf den ersten Schritt einer erfolgreichen Markteinführung zu fokussieren. Der Weltmarkt usw. bleibt der zweiten Entwicklungsphase vorbehalten.

Schritt 4: Abschätzung des Marktanteils
Neben dem möglichen Gesamtmarkt muss die Penetrationsgeschwindigkeit des eigenen Produktes ermittelt werden. Da Wettbewerber zunächst keine erwartet werden, geht es nur um die Geschwindigkeit, mit der sich 3D-Drucker durchsetzen werden. Insofern führt die Methode der Marktanteilsabschätzung für diesen Anwendungsfall nicht weiter. Die Frage, wie viele Geräte in welcher Zeit verkauft werden können, lässt sich mit einer Bottom-up-Rechnung zuverlässiger beantworten.

Schritt 5: Kaufverhaltensprognose
Obgleich das Geschäftsmodell der Verkauf der Automaten an Standortbetreiber ist, richteten die Gründer bisher ihren Blick auf die Endverbraucher (Passanten) und schilderten auf den Meetings mit dem Investor illustrativ, welchen Spaß es bringen könnte, sich eine Büste ausdrucken zu lassen. Hier wirkten gleich mehrere der

Tab. 5.2 Mögliche Aufstellplätze für 3D-Büstendrucker

Aufstellort	Anzahl D
Einkaufzentren	460, zzgl. ca. 200 Passagen
Bahnhöfe	ca. 100 in Großstädten
Verkehrsflughäfen	22, einige mit mehreren Terminals
Messeplätze	22
Summe	Ca. 800

in Abschn. 2.1 beschriebenen kognitiven Verzerrungen, vom „Priming" bis zum „Austausch der Fragestellung". Der Experte sortiert die bisherigen Darstellungen der Gründer, indem er zwischen dem Kauf der Büste durch Passanten und dem Kauf des Druckautomaten durch Standortbetreiber unterscheidet. Grundsätzlich interessiert natürlich der Abverkauf von Automaten an die Standortbetreiber. Aber diese trügen dann das gesamte wirtschaftliche Risiko auf einem Gebiet, das nicht ihr Kerngeschäft ist. Somit benötigen sie entweder

- eine gute Argumentation mit konkreten Nutzungsdaten (Anzahl gekaufter Büsten je x Passanten in y Zeit usw.), oder
- eine Risikofreistellung,

z. B. indem sie den Automaten testen dürfen, oder durch ein Geschäftsmodell, durch das sie ohne Einstands- oder Fixkosten an den Umsätzen partizipieren.

Hier zeigt sich dem Team, dass die Prognose des Automatenabsatzes iterativ zu einem Überdenken des Vertriebsansatzes und sogar zu einer Überarbeitung des Geschäftsmodells führen kann (Mietgeschäft statt Verkauf) – was, um es vorweg zu nehmen, im weiteren Verlauf (siehe unten) auch passieren wird.

Der erste Schritt ist die Betrachtung des **Endverbraucher-Kaufverhaltens,** also jenes der Passanten. Hierzu lohnt ein Blick in den Faktorenkatalog in Abschn. 4.2.3. Dieser zeigt, dass die Büste ein Spontankaufprodukt ist, vielleicht ein Geschenkartikel. Belastbare Abverkaufszahlen werden nur über einen **Testmarkt** zu ermitteln sein. Entweder erhalten einige Standortbetreiber Automaten kostenlos, oder es werden vom Start-up selbst Standorte gemietet und Besucherströme und Verkaufszahlen gemessen. Wenn dann ermittelt wäre, pro wie vielen Passanten eine Büste verkauft werden würde (oder umgekehrt, wie viele Büsten z. B. je 1000 Passanten pro Tag), so wäre eine Hochrechnung der Abverkaufszahlen möglich. Allerdings verlangt dies, dass der Automat aus technischer Sicht fertig entwickelt ist. Das reduziert das Finanzierungsrisiko der Investoren somit nur teilweise, da die Gründungskosten sowie die Kosten der Prototypenentwicklung in jedem Falle anfallen werden.

Der zweite Schritt ist die Betrachtung des **Kaufverhaltens der Standortbetreiber,** denn diese sollen – so der ursprüngliche Geschäftsansatz – die Käufer der Automaten sein. Der moderierende Experte verlangt, getreu dem Grundsatz, dass Inputdaten für Prognosen umso genauer sind, je näher am Markt sie erhoben werden, dass je zwei Interviews mit Vertretern der in Tab. 5.2 genannten potenziellen Kundengruppen geführt werden. Diese acht Termine sind keine repräsentative Marktuntersuchung, aber sie erlauben einen ersten Eindruck, welche Aspekte für die Zielgruppe relevant sind. Zudem können diese Termine zugleich eine Art Vorakquisition sein. Es zeigt sich, dass den Standortverantwortlichen vor allem die Risikofreiheit (Sehschäden durch Scanner, Brandschutz, Reklamationen bei Fehlfunktionen usw.) bei akzeptablem Verdienst wichtig ist. Als akzeptabler Verdienst wird ein resultierender Betriebsgewinn nach Abzug aller – auch der kalkulatorischen – Kosten in Höhe der Flächenmiete von Bestlagen des Standorts bezeichnet, also, je nach Gesprächspartner, mindestens 100 EUR je Monat. Für einen Test stünden alle acht der von den Gesprächspartnern geleiteten Standorte zur Verfügung. Das Ergebnis ist eindeutig: Interesse ist vorhanden, aber das Geschäftsrisiko muss das Start-up-Unternehmen selbst tragen.

Insofern ist die Analyse des Kaufverhaltens als Prognosemethode sehr hilfreich gewesen, zeigt sie doch, dass der Markteinstieg mit dem ursprünglichen Automaten-Verkaufsmodell nicht funktioniert. Stattdessen muss das Start-up die Automaten zunächst selbst betreiben. Die Verbraucher rücken wieder in den Mittelpunkt des Forecasts und fortan sind die Prognose zu schätzen, wie sie Tab. 5.3 zeigt.

Die Folgen für das Start-up sind weitreichend: Der Kapitalbedarf erhöht sich erheblich!

Schritt 6: Analogiemethode
Eine **Marktanalogie** lässt sich nicht finden, weder in Deutschland noch international, denn das Produkt ist innovativ. Allerdings drängt sich eine **Produktanalogie** auf: Die FotoFix-Kabinen. Davon gibt es derzeit ca. 2000 in Deutschland (zzgl. jene der Wettbewerber) und es lässt sich auch leicht recherchieren, dass ca. 6 Mio. Kunden jährlich diese Automaten nutzen, also 250 je Automat und Monat. Daten zur Penetration der Automaten in der Vergangenheit finden sich nicht und wenn, wären diese sicherlich nicht als Analogie zu gebrauchen, denn die Fotoautomaten gibt es bereits seit Jahrzehnten.

Andere Analogien finden die Gründer nicht. Somit werden für dieses Beispiel als Analogie die Nutzungsdaten für und die Verbreitung von FotoFix-Automaten verwendet. Die unterschiedliche Motivation der Nutzung (Behörden, Spaß usw.) wird durch eine Korrekturziffer ausgeglichen und das Team geht von 125 Nutzungen

Tab. 5.3 Auswahl der Prognosewerte für das Geschäftsmodell 3D-Büsten-Drucker nach der Kaufverhaltensanalyse

Prognosewert	Beschreibung	Intervall
Automaten	Anzahl aufgestellter Automaten	Monatlich
Umsatz	Umsatz je Automat	Monatlich
Auslieferung des ersten Automaten	Festlegung des ersten Umsatzmonats	Einmalig

je Monat und Automat zu „Spaßzwecken" aus. Einflüsse von Substitutionen, vor allem Smartphone-Selfies, sind kaum abzuschätzen. Diese Zahl ist also eine schiere Annahme und sie ist für Sensitivitätsanalysen des Geschäftsplans zu variieren.

Schritt 7: Delphi-Methode
Die Delphi-Methode bietet sich als Prognoseverfahren an, wenn einerseits hinreichend viele Experten zur Verfügung stehen, um die Marktsituation des Start-ups zu beurteilen, und es andererseits sinnvolle Fragestellungen gibt, die in einem iterativen Prozess besser beantwortet werden können als z. B. in Interviews.

Den Ausgangspunkt bilden die Fragen, die an einen Expertenkreis zu richten sind. Die Gründer sowie der von den Investoren beauftrage Fachmann kommen zu dem Schluss, dass wenn das Start-up das wirtschaftliche und das technische Risiko des Automatenbetriebs sowieso tragen muss, es vermutlich recht einfach sein wird, Aufstellstandorte zu finden. Der Erfolg des Start-ups hängt dann direkt vom Umsatz mit den Endverbrauchern ab. Dieser Markt soll also Gegenstand einer Prognose auf Basis der Delphi-Befragung sein. Die Fragen sollen zudem sowohl qualitativer als auch quantitativer Natur sein:

1. Warum kaufen Passanten eine 3D-Büste?
2. Wenn die Automaten in Zonen mit regem Publikumsverkehr aufgestellt werden, wie groß wird der Anteil der Passanten nach einigen Monaten sein, der eine 3D-Büste kauft? Zu welchem Preis?
3. Wird sich die Absatzmenge im Zeitverlauf ändern? Wenn ja, wie sähe die Absatzentwicklung in den ersten 12 Monaten aus?

Die Fragen sind offensichtlich nicht zufällig gewählt. Die erste lädt zu einer Art Brainwriting ein. Die Hoffnung ist, im iterativen Prozess viele Ideen zusammen zu tragen, die dem Absatz der Automaten dienlich sind. Die zweite Frage ist die entscheidende: Es ist nach der Preis-Absatzfunktion gefragt. Der Zusatz „nach einigen Monaten" ist hier wichtig, denn die Experten sollen eine Schätzung für eine Preis-Absatzmengenrelation abgeben, so, wie sie dauerhaft für die Geschäftsplanung verwendet werden kann. Die dritte Frage soll die Experten dazu animieren, die Markteintrittsphase abzuschätzen, sowohl hinsichtlich Dauer als auch hinsichtlich Absatzmengenentwicklung bis zur Erreichung der in Frage 2 unterstellten stabilen Preis-Absatzfunktion.

Als Unterlagen erhalten die Experten die Ergebnisse der Marktanteilsabschätzung (Anzahl möglicher Aufstellstandorte usw.) sowie jene der Analogiemethode (FotoFix usw.). Dies ist keineswegs selbstverständlich: Aus der Nennung von Marktdaten resultiert unweigerlich Priming, das hier im Sinne einer Ankerheuristik wirkt. Und zwar unbewusst und immer, egal, wie erfahren die Teilnehmer auch sein mögen. Es ist also eine bewusste Entscheidung, ob dies akzeptabel ist. Im hiesigen Fallbeispiel dürfte sinnvoll sein, solche Daten zu nennen, denn hinsichtlich des bisher betrachteten Marktes sind die Verbreitungsorte von Fotoautomaten und 3D-Büstendruckern deckungsgleich, zumindest in einem weiten Bereich.

Die Gründer sprechen nun ausgewählte Personen an und bitten diese, an der Delphi-Befragung mitzuwirken. Es sind dies am Ende sechs: Die zwei Gründer, zwei Vertreter von Einkaufspassagen, die sich mit den Umsatzzahlen anderer Kleinverkaufsstellen (Karussell, Fotofix, Zigarettenautomat usw.) auskennen, ein Vertreter des Bundesverbands Automatenunternehmer sowie ein Berater, der mehrere Jahre lang den Vertrieb eines Fotoautomatenherstellers leitete. Die Moderation übernimmt der mit der Delphi-Methode bestens vertraute Vertreter der Investoren.

Die Delphi-Methode verläuft in drei Runden (zum Vorgehen siehe Abschn. 4.2.4). Die dritte Runde ist erforderlich, weil die Abschätzungen der Preis-Absatz-Relation zunächst noch stark divergieren und erst in zwei Iterationen ein Konsens entsteht. Die Vermutung, dass es sich beim Konsens um eine schiere Regression zum Mittelwert handeln könnte, liegt nahe, aber es zeigt sich hier, dass das Ergebnis signifikant vom Durchschnittswert der Schätzungen der ersten Runde abweicht. Offensichtlich änderten die sechs Teilnehmer ihre Einschätzungen, als sie die Einschätzungen und die Begründungen der anderen sahen.

Zu Frage 1 entsteht ein Katalog möglicher Anwendungsfälle, vom mobilen Automaten (Betriebsfeiern, Weihnachtsmärkte, Volksfeste) bis hin zur Möglichkeit, auch andere Objekte zu scannen und auszudrucken. Diese Ideen werden ausgewertet und dienen der qualitativen Untermauerung des Geschäftskonzepts. Die Gefahr ist jedoch, dass die Ergebnisse wie eine Verfügbarkeitsheuristik wirken und die Eingängigkeit der Anwendungsfälle zu einer Verzerrung der Einschätzung der realistischen Möglichkeiten führen könnte.

Aus den Fragen 2 und 3 ergibt sich ein quantitatives Fundament, nämlich der Absatz von x Büsten je y Passanten zu je z € je Monat, nachdem der jeweilige Automat einige Monate am jeweiligen Standort in Betrieb war, sowie eine Zeitreihe, nach der dieser Umsatz linear steigend bereits nach vier Monaten erreicht wird.

Diese Ergebnisse stellen die bisher einzige belastbare quantitative Prognose dar. Die übrigen Schritte waren – jedenfalls in diesem Beispiel – für die Erstellung eines Forecasts untauglich, aber keineswegs überflüssig, denn sie erbrachten jeweils sinnvolle Erkenntnisse, die zu einer deutlichen Veränderung des ursprünglich vorgesehenen Geschäftsmodells führten.

Schritt 8: Bottom-up-Prognose

Die Bottom-up-Prognose zeigt auf, in welcher Zeit aus wie vielen Interessenten wie viele Kunden mit welchem Auftragsvolumen gemacht werden können. Nachdem der Geschäftsansatz neu definiert wurde (Automatenbetrieb statt Automatenverkauf), sind zwei Ansätze erforderlich, die sich am besten mit den Begriffen Push-Vertrieb und Pull-Vertrieb bezeichnen lassen.

Beim **Pull-Vertrieb** geht es darum, 3D-Büsten an Passanten zu verkaufen. Die Daten hierfür stammen aus der Delphi-Prognose. Zu bewerten ist noch

- die Eintrittswahrscheinlichkeit der Prognose der Absatzmenge je Automaten sowie
- die Anzahl aufgestellter Automaten.

Letztere ist durch die Anzahl möglicher Vertriebskontakte limitiert. Hier ist der Verkaufstrichter zu planen (Kühnapfel 2017, S. 378). Insofern ist die Ermittlung der Anzahl aufgestellter Automaten leicht. Auf jeden Fall ist zu beachten, dass sie von den Vertriebskosten abhängt, diese sich auf den Kapitalbedarf auswirken und so fort. Die Änderung einzelner Parameter erlaubt dann die übliche Sensitivitätsanalyse. Diese wiederum sollte im Kontext der Eintrittswahrscheinlichkeiten der jeweiligen Faktorenkonstellationen betrachtet werden.

Was heißt das konkret? Der Experte als Vertreter der Investoren wird neben der entstehenden Basisprognose weitere ihm realistisch erscheinende Forecasts rechnen und so einen Schwarm möglicher Verläufe erzeugen. Das ist ob des subjektiven Gestaltungsspielraums methodisch unbefriedigend, lässt sich aber nicht anders lösen und sofern der beauftragte Experte hinreichend frei von Eigeninteressen ist, sollte dieses Verfahren auch die bestmögliche Prognose liefern.

Der resultierende Schwarm möglicher Verläufe lässt zudem gut erkennen, wie groß die Spreizung eben jener Verläufe ist. Je weiter die Prognosekurven auseinander liegen, desto risikoreicher ist das Geschäft. Je mehr Prognosekurven mit einer ausreichend großen individuell bemessenen Eintrittswahrscheinlichkeit in einem Abstand von z. B. $\pm 10\,\%$ von der Basiskurve liegen, desto risikoärmer ist das Geschäft.

Noch einmal: All diese Bewertungen sind von subjektiven Einschätzungen determiniert! Aber das ist die Abwägung, welches Investitionsrisiko bei einem Start-up getragen werden sollte, sowieso. Insofern geben die Prognosen und die im Prognoseprozess zusammengetragenen Erkenntnisse den Investoren eine recht gute Indikation für die Belastbarkeit der Prognose, die in diesem Beispiel im Wesentlichen ein Produkt der Delphi-Befragung ist.

Schritt 9: Scoring-Modell zur Bewertung der Qualität der Gründer
Abschließend führen die Investoren gemeinsam mit dem Experten ein Scoring-Verfahren durch, um die Qualität der Gründer zu beurteilen. Dieses ist hier jedoch nicht wiedergegeben.

Erkenntnisse aus dem Prognoseprozess
In diesem Fallbeispiel wird das Ergebnis des Prognoseprozesses für sich betrachtet nicht befriedigen. Die quantitative Grundlage besteht zuvörderst aus Daten, die im Rahmen des Delphi-Prozesses erarbeitet wurden, ergänzt um die Daten, die im Rahmen der Marktanteilsabschätzung ermittelt wurden.

Der Nutzen des Prognoseprozesses ist dennoch augenfällig: Die bisherige Vertriebsstrategie (Verkauf an Standortbetreiber) wurde verworfen, es gibt eine Indikation für den Verkaufspreis und die – wenn auch wenigen – Interviews brachten wichtige Erkenntnisse. Für die Investoren sollte nun klar sein, dass die Geschäftsidee aus Marketingsicht unausgegoren war. Mindestens eine Komponente des für die Bewertung eines Start-ups relevanten Dreiecks „Technologie – Marketing – finanzielle Führung" ist ein Ausfall. Entsprechend wird der Investor in diesem Fallbeispiel drei Maßnahmen fordern:

1. Mehr Vertriebs- bzw. Marketingexpertise. Der Gründer, der bisher als Produktmanager tätig war, hat diese offensichtlich nicht oder zumindest nicht in erforderlichem Maße.
2. Erstellung eines Meilensteinplans zur Reduzierung des finanziellen Risikos: Fertige Prototypen → Produkt- und Markttests → Regelbetrieb.
3. Erhöhung des persönlichen Risikos der Gründer (siehe Abschn. 3.1).

Zudem wird den Gründern hinsichtlich der zwei anderen Ecken des Bewertungsdreiecks, also hinsichtlich der technischen Fähigkeiten und der Erfahrungen in finanzieller Führung von Unternehmen, auf den Zahn gefühlt.

Dennoch ist die hier exemplarisch entstandene Prognose ausreichend solide, um als Grundlage einer Geschäftsplanung zu dienen. Ihre Eintrittswahrscheinlichkeit ist allerdings nicht klar zu ermitteln, und es wurde deutlich, dass es nicht ausreicht, nur eine einzige Planung zu erstellen und an diese „zu glauben oder nicht". Zur Abschätzung des Investitionsrisikos ist es vielmehr erforderlich, alternative Planungen durch die Abwandlung der Prognosedaten zu rechnen. Ein gut gestaltetes Excel-Tool wird ermöglichen, die für die Algorithmen wichtigen Parameter zu variieren, sodass über die Veränderung der Plan-Gewinn-und-Verlustrechnung ein Schwarm möglicher Verläufe der Kapitalflussrechnung entsteht, um sowohl den jeweils resultierenden Zeitpunkt des Break-evens auf Liquiditätsbasis sowie den bis dahin erforderlichen (kumulierten) Kapitalbedarf bestimmen zu können.

Fazit: Wie verlässlich sind Prognosen für Start-ups?

Aus der recht umfangreichen Forschung kennen wir die Regeln für einen guten Forecast: Adäquate Behandlung von Vergangenheitsdaten, Ausschluss von kognitiven Verzerrungen durch Objektivierung, reflektierte, bewusste Nutzung von Expertise und vor allem: die Kombination von mindestens fünf verschiedenen Forecasts.

Diese Regeln greifen für Prognosen für Start-ups nicht: Es gibt keine Vergangenheitsdaten, die Wahrnehmungsverzerrungen wirken exponentiell, Expertise ist selten vorhanden und die Forecast-Methoden reduzieren sich auf eine so geringe Anzahl, dass es zu einem kombinierten Forecast nicht reicht. Daraus aber zu schließen, dass Prognosen für Start-ups überflüssig seien oder angesichts der Komplexität der Aufgabe in Fatalismus zu verfallen und nur dem unsicheren Gesellen „Bauchgefühl" zu vertrauen, wäre der falsche Weg. Denn wenn das Ziel der Geschäftsplanung ist, erstens ein Instrument für das strategische und operative Management zu sein und zweitens das Risiko eines Engagements zu bewerten, braucht sie als Grundlage eine Prognose der Geschäftsentwicklung und hier vor allem des Absatzes. Die größte Unsicherheit besteht für den Prognoseprozess naturgemäß bis zu dem Augenblick, in dem das Produkt dem Markt präsentiert wird. Je mehr Erfahrungen danach durch den Verkauf der Produkte gesammelt wurden, desto präziser wird die Prognose des Weiteren Geschäfts sein. Dann bieten sich all jene Methoden an, wie sie im Referenzbuch zu diesem *essential* beschrieben sind.

Das Fallbeispiel zeigt auf, welchen Nutzen der Prognoseprozess in der Vorgründungsphase hat. Er ist Prüfstein für die Qualität der Gründer und zugleich der Lackmustest, der Investitionsrisiken offenbart. Das Fallbeispiel zeigt auch, dass ein solcher Prognoseprozess moderiert werden muss: Er ist viel zu leicht manipulierbar, aber auch ohne Täuschungsabsicht sind Gründer die falschen Prognostiker, denn sie werden von ihren Wünschen und ihrer Begeisterung getragen.

Was bleibt, ist die Frage nach der Verlässlichkeit einer Prognose. Halten wir dazu fest: Die Eintrittswahrscheinlichkeit einer Prognose kann nicht hinreichend zuverlässig gemessen werden. Aber es gilt: Je weniger ein Forecast quantitativ fundiert werden kann, desto risikoreicher ist die Investition und umso mehr müssen sich die Investoren auf die Qualität der Gründer verlassen. Menschen machen das Geschäft. Fast immer.

Was Sie aus diesem *essential* mitnehmen können

- Einschätzung der Bedeutung von Prognosen für Start-ups
- Wie werden Prognosen für Start-ups erstellt?
- Wie gut können solche Prognosen sein?
- Was sagen Prognosen über die Gründer aus?
- Fallbeispiel: Der Prognoseprozess und der Nutzen von Forecasts

© Springer Fachmedien Wiesbaden GmbH, ein Teil von Springer Nature 2019
J. B. Kühnapfel, *Prognosen für Start-up-Unternehmen,* essentials,
https://doi.org/10.1007/978-3-658-25019-5

Literatur

Armstrong, J.S. 1985. *Long-range forecasting. From crystal ball to computer*, 2. Aufl. New York: Wiley.

Armstrong, J.S., und R.J. Brodie. 1999. Forecasting for marketing. In *Quantitative methods in marketing*, Hrsg. G.J. Hooley und M.K. Hussey, 92–119. London: International Tompson Business Press.

Carman, H.F. 1972. Improving sales forecasts for appliances. *Journal of Marketing Research* 9 (Mai): 214–218.

Chaman, L.J. 2007. Benchmarking new product forecasting. *Journal of Business Forecasting* 26 (Winter): 28–29.

Gartner, W.B., und R.J. Thomas. 1993. Factors affecting new product forecasting accuracy in new firms. *Journal of Production Innovation Management* 10 (Januar): 35–52.

Kahneman, D. 2012. *Schnelles Denken, langsames Denken*, 24. Aufl. München: Siedler.

Kahneman, D., und A. Tversky. 1973. On the psychology of prediction. *Psychological Review* 8 (Juli): 237–251.

Kahneman, D., und A. Tversky. 1979. Prospect theory: An analysis of decision under risk. *Econometrica* 47 (März): 263–292.

Kahneman, D., und A. Tversky. 1992. Advances in prospect theory: Cumulative representation of uncertainty. *Journal of Risk and Uncertainty* 5 (4): 297–323.

Kauko, K., und P. Palmroos. 2014. The delphi method in forecasting financial markets – An experimental study. *International Journal of Forecasting* 30 (April–Juni): 313–327.

Kühnapfel, J.B. 2015. *Vertriebsprognosen*. Wiesbaden: Springer Gabler.

Kühnapfel, J. 2017. *Vertriebscontrolling*, 2. Aufl. Springer Gabler: Wiesbaden.

Mertens. 2005. *Prognoserechnung*, 6. Aufl. Heidelberg: Physica.

Morwitz, V.G., und D. Schmittlein. 1992. Using segmentation to improve sales forecasts based on purchase intent: Which "Intenders" actually buy? *Journal of Marketing Research* 29 (November): 391–405.

Reichheld, F.F. 2006. The one number you need to grow. *Harvard Business Review* 81 (Dezember): 46–54.

© Springer Fachmedien Wiesbaden GmbH, ein Teil von Springer Nature 2019
J. B. Kühnapfel, *Prognosen für Start-up-Unternehmen*, essentials,
https://doi.org/10.1007/978-3-658-25019-5

Rowe, G., und G. Wright. 2002. Expert opinions in forecasting: The role of the delphi technique. In *Principles of forecasting. A handbook for researchers and practitioners*, Hrsg. J.S. Armstrong, 125–144. New York: Kluwer Academic Publisher.

Samuelson, W., und R. Zeckhauser. 1988. Status quo bias in decision making. *Journal of Risk and Uncertainty* 1 (1): 7–59.

Simon, H.A. 1987. Making management decisions: The role of intuition and emotion. *Academy of Management* 1 (Feb): 57–64 (Pittsburgh, USA: Academie of Management Executive der Carnegie-Mellon University 1987–1989).

Tyebjee, T.T. 1987. Behavioral biases in new product forecasting. *International Journal of Forecasting* 3:393–404.

Printed in the United States
By Bookmasters